Larousse Comunicación

gramática

de la
lengua española

LAROUSSE

Dirección editorial	Núria Lucena Cayuela
Coordinación de la obra	Sofía Acebo García
Redacción	Sergi Torner Castells
Asesoramiento pedagógico	Núria Pino Roldán
Edición	Irene Renau Araque

Primera edición: 2006

© LAROUSSE EDITORIAL, S. L., 2006
Mallorca, 45 - 08029 Barcelona
Tel.: 93 241 35 05 Fax: 93 241 35 07
larousse@larousse.es ▪ www.larousse.es

ISBN: 84-8332-838-0
Dep. Legal: B-14.988-2006
Imprime: Anman Gràfiques del Vallès, S.L.

ÍNDICE DE LA OBRA

INTRODUCCIÓN

Las lenguas naturales que utilizamos los humanos son sistemas dotados de una gran complejidad, aunque el hecho de que nos sirvamos de ellas de una forma casi siempre inconsciente hace que a menudo no nos demos cuenta de ello. Desde tiempos remotos, los lingüistas han tratado de entender esta realidad tan compleja que constituyen las lenguas, y han descrito los mecanismos mediante los cuales estas transmiten significados. El análisis llevado a cabo desde la lingüística ha permitido distinguir las unidades que conforman la lengua –los sonidos y las palabras– de las reglas que permiten combinarlas. El conjunto de reglas que determina la combinación de unidades de una lengua se denomina gramática.

Este libro, que forma parte de la colección Larousse Comunicación, describe de una forma clara y comprensible la gramática del español; es decir, en las páginas que siguen se analizan los mecanismos mediante los cuales en español los sonidos se combinan para formar palabras y las plabras se combinan para formar oraciones. Está destinado tanto a estudiantes como a cualquier persona que desee mejorar su conocimiento de la lengua española, y pretende ser un instrumento eficaz y de fácil manejo. Por ello, se estructura en forma de preguntas que responden a las dudas más habituales que suscita la gramática española.

Para facilitar la consulta, los contenidos se han estructurado en bloques diferenciados. El primer bloque está destinado a la fonología. En él se describen los sonidos que conforman el español en sus diversas variantes y se analiza el modo como estos sonidos se combinan para formar sílabas. Así mismo, se examina la entonación de los diversos tipos de oraciones posibles. El segundo bloque está dedicado a la morfología. En este bloque, se examina la estructura interna de las palabras, se presentan los diversos tipos de palabras que existen en nuestra lengua y se describen sus propiedades fundamentales. Finalmente, en el último bloque, destinado a la sintaxis, se explica el modo como las palabras se combinan para formar unidades lingüísticas mayores: los sintagmas y las oraciones.

F

ONOLOGÍA

1 LA FONOLOGÍA

La **fonología** es una rama de la lingüística cuyo objeto de estudio son los **sonidos** de las lenguas naturales. Se trata de una disciplina que se propone explicar la función que tienen los sonidos que se usan en las diversas lenguas. Para ello, debe describir el modo como se organizan dichos sonidos, los rasgos que permiten distinguirlos y el valor que poseen en el sistema lingüístico.

2 ¿Son lo mismo la fonética y la fonología?

La fonética y la fonología son dos ramas de la lingüística que tienen como objeto de estudio el sonido, pero que se acercan a este objeto con intereses distintos. La fonética estudia los sonidos de una lengua en cuanto realidad física, analizando tanto sus características acústicas como los órganos que intervienen en el proceso de fonación, aunque el análisis que se realiza no tiene en cuenta el valor que dichos sonidos tienen en la lengua. La fonología, en cambio, estudia la función que los sonidos tienen en una lengua dada, y tiene en cuenta tan solo aquellos aspectos del sonido que cumplen una función dentro del sistema de la lengua.

Explicaremos mejor esta distinción con un ejemplo. En español, no se pronuncian de un modo idéntico las dos *d* de la palabra *dado*: mientras que en la primera de ellas la punta de la lengua llega a tocar el paladar, en la segunda se aproxima mucho pero no llega a haber contacto. La fonética señalará esta diferencia y la explicará. A pesar de que se trate de una diferencia que no tiene valor en español, puesto que los hablantes perciben estos dos sonidos como un mismo elemento *d*. La fonología, por su parte, ignorará estos matices y considerará que existe una única unidad *d*; esta unidad se opone a otras unidades de la lengua en la medida en que permite distinguir unas palabras de otras: *cada* frente a *casa, cana, cala, cara*, etc.

EL FONEMA

3

Los **fonemas** son las unidades lingüísticas mínimas que constituyen el sistema sonoro de las lenguas. Se trata de unidades abstractas que se definen en función del **valor** que tienen dentro del sistema de la lengua. El rasgo que determina si un sonido constituye un fonema es que posea **carácter contrastivo**; es decir, que permita distinguir unas palabras de otras. Por ejemplo, «d», «s», «n», «l» y «r» son fonemas porque permiten diferenciar palabras como «ca**d**a», «ca**s**a», «ca**n**a», «ca**l**a» y «ca**r**a».

¿Cómo se representan los fonemas?

4

Los fonemas se representan entre barras oblicuas (por ejemplo, /b/). A veces, el símbolo que se utiliza para representar un fonema coincide con la letra con que se escribe; por ejemplo, /p/ o /l/. En otras, se utilizan unos símbolos especiales; por ejemplo, /ʎ/ para representar el sonido de la letra *ll*.

¿Qué son los alófonos?

5

Un único fonema puede pronunciarse de modos distintos en función de factores diversos como, por ejemplo, la posición que ocupa en la sílaba o los sonidos con los que está en contacto.

> El fonema /n/ se pronuncia diferente cuando está entre vocales, como en *cana,* que cuando está delante de /c/, como en *ancla:* en el primer caso, la punta de la lengua entra en contacto con la parte anterior del paladar, mientras que en el segundo la lengua se repliega hacia atrás y se levanta hacia la parte posterior del paladar, o el velo.

Es decir, las distintas realizaciones que puede tener un mismo fonema reciben el nombre de alófonos.

¿Las letras representan los fonemas?

6

Las letras son símbolos que tratan de reproducir por escrito los sonidos de las lenguas. Sin embargo, las letras no reproducen todos los sonidos que se emplean en una lengua, que son siempre muy numerosos, sino sus fonemas, dado que la escritura solo considera los sonidos que tienen valor contrastivo. Por ello, en una situación ideal debería existir una correlación estricta entre letras y fonemas; de modo que cada letra representara un fonema distinto y solo uno, y que para cada fonema se usara una letra distinta. No obstante, en todas las lenguas existen algunos desajustes en esta correlación.

7 En español, ¿existen desajustes entre las letras y los fonemas que representan?

La ortografía del español es muy próxima a la fonología, de modo que existen muchos menos desajustes entre letras y fonemas que en lenguas como, por ejemplo, el inglés o el francés. • Sin embargo, existen algunas letras que representan más de un fonema, a la vez que algunos fonemas se pueden representar por medio de más de una letra.

 La letra *h* no representa ningún fonema, puesto que nunca se pronuncia.

Las letras que pueden representar más de un fonema son la *c* y la *g*. Por el contrario, los fonemas /b/, /k/, /θ/, /χ/, /g/, /r/ e /i/ se pueden representar por más de una letra. Además, en las zonas de yeísmo, las letras *y* y *ll* representan un único fonema /y/. Igualmente, en las zonas en las que se produce ceceo o seseo, las letras *s, z* y *c* (ante *e, i*) representan un único fonema, que puede ser /s/ o /θ/.

 En el habla culta, la letra *x* representa dos fonemas, /k/ + /s/. La pronunciación de esta letra como un solo fonema, /s/, se considera vulgar.

LOS SONIDOS DE LA LENGUA

8 ¿Cómo se producen los sonidos de la lengua?

El proceso de producción de los sonidos que se utilizan al hablar se denomina *fonación.* La fonación se inicia con la inspiración del aire, que llena los pulmones al distender un músculo (el diafragma) que está situado debajo de estos. A continuación, al tensar el diafragma el aire es empujado y expulsado de los pulmones por la tráquea, hasta que alcanza la laringe y atraviesa la glotis: la nuez del cuello. En su interior se encuentran dos músculos flexibles: las cuerdas vocales. Estas pueden tensarse, de modo que vibran como si se tratara de las cuerdas de una guitarra y producen un sonido, o distenderse, para dejar circular el aire libremente.

El sonido que se crea alcanza después la cavidad bucal; a veces, el velo del paladar se sitúa de tal modo que permite que el sonido llegue también a las fosas nasales. La cavidad bucal puede modificar su forma y tamaño gracias a que algunos de sus órganos, como la lengua y los labios, son móviles. Debido a ello, las características del sonido que se emite cambian; de modo parecido a como la forma o el tamaño que tiene un instrumento musical hacen que el sonido que este emite sea distinto al de otros instrumentos con formas o tamaños diferentes.

¿Qué son los rasgos distintivos? 9

La fonología clasifica los fonemas de una lengua en función de las características que hacen posible distinguir un fonema frente a los demás. Estas características reciben el nombre de rasgos distintivos.

> El fonema /b/ y el fonema /p/ se distinguen únicamente porque al producir el primero vibran las cuerdas vocales, mientras que el segundo se produce sin que las cuerdas vocales vibren. El hecho de que vibren o no las cuerdas vocales es, pues, un rasgo distintivo ya que permite oponer unos fonemas a otros.

¿Cómo se clasifican los fonemas? 10

Los fonemas se clasifican en función de los rasgos distintivos que los caracterizan. El criterio más extendido para establecer los rasgos distintivos es el articulatorio; esto es, en función de cuáles son los órganos que intervienen en la articulación de los sonidos y de cómo actúan.

LAS VOCALES

¿Qué es una vocal? 11

Una vocal es un fonema que se caracteriza porque, en su producción, el aire que sale de los pulmones no encuentra ningún tipo de obstáculo. Las vocales se oponen a las consonantes, en cuya producción sí existe algún tipo de obstáculo a la salida del aire. Las vocales pueden ser siempre núcleo de sílaba.

12 ¿Cómo se clasifican las vocales?

En la producción de una vocal, el sonido producido por las cuerdas vocales resuena en la boca, de modo que sus características se modifican en función de la forma que adopte el tracto bucal. La configuración de la boca se puede modificar de dos formas diferentes. Por un lado, se puede abrir más o menos; por otro, se puede situar la lengua hacia adelante o hacia atrás para que la resonancia se produzca en la parte anterior o posterior de la boca. Estos dos rasgos –abertura y localización– permiten clasificar las vocales.

LAS CONSONANTES

13 ¿Qué es una consonante?

Una consonante es un fonema en cuya producción el paso del aire se ve obstaculizado por algún órgano de la cavidad bucal. El tipo y el grado de obstaculización pueden ser muy diversos, desde una mera constricción hasta una interrupción total de la salida del aire. Las consonantes se oponen a las vocales, en cuya producción la salida del aire no encuentra ningún obstáculo. Además, en muchas lenguas –como el español– las consonantes no pueden ser núcleo silábico.

14 Clasificación de las consonantes

Las consonantes se diferencian entre sí por cuatro rasgos: el punto de articulación, el modo de articulación, la resonancia y la sonoridad.

15 ¿Qué es el punto de articulación?

La consonante variará en función del lugar en el que se sitúe el obstáculo que el aire encuentra en la cavidad bucal. Este lugar recibe el nombre de punto de articulación.

16 ¿Qué es el modo de articulación?

El tipo de obstáculo que se pone a la salida del aire en la pronunciación de las consonantes puede ser distinto. Por ejemplo, en el fonema /p/ se interrumpe momentáneamente la salida del aire, mientras que en el fonema /s/ se dificulta su paso, sin que por ello se llegue a interrumpir. Este distinto modo de obstaculizar el paso del aire en la pronunciación de una consonante se denomina modo de articulación.

¿Qué es la resonancia?   17

Al producir una consonante, el aire expulsado de los pulmones puede salir únicamente por la boca o puede también salir por la nariz, de modo que tiene una cavidad de resonancia añadida. Según ello, se distinguen dos tipos de consonantes: las orales y las nasales.

¿Qué es la sonoridad?   18

Mientras que en la producción de las vocales siempre se produce una vibración de las cuerdas vocales, en la producción de las consonantes las cuerdas vocales pueden vibrar o permanecer en reposo. Si vibran diremos que el sonido es sonoro (/b/, /d/); si no lo hacen, el sonido es sordo (/p/, /t/).

EL SISTEMA FONOLÓGICO DEL ESPAÑOL

¿Cuántos fonemas hay en español?   19

En español se usa una gran variedad de sonidos, pero solo hay 24 fonemas. Hay cinco fonemas vocálicos: /a/, /e/, /i/, /o/, /u/.

Además, en su variante estándar el español tiene 19 fonemas consonánticos:

/p/	/t/	/k/	/b/	/d/
/g/	/f/	/θ/	/s/	/χ/
/y/	/t͡ʃ/	/l/	/ʎ/	/r/
/r̄/	/m/	/n/	/ɲ/	

¿En todas las variedades del español hay los mismos fonemas consonánticos?   20

Algunas de las consonantes han desaparecido en ciertas zonas dialectales o comunidades sociales. Solo algunos hablantes pronuncian el fonema /ʎ/, mientras que el resto lo confunde con el fonema /y/; es el denominado yeísmo. Por otro lado, en casi toda Hispanoamérica, en las Canarias y en Andalucía se confunden los fonemas /s/ y /θ/. El fenómeno mayoritario, denominado *seseo,* consiste en pronunciar tan solo /s/. El caso contrario se halla circunscrito a algunas clases sociales de Andalucía; consiste en pronunciar solo /θ/ y se denomina *ceceo.*

21 ¿Cómo se clasifican las vocales del español?

En español hay cinco fonemas vocálicos. Según el grado de abertura de la boca se clasifican en *cerrados, medios* y *abiertos*; en función del lugar en el que se producen, en *anteriores* (la lengua se eleva hacia el paladar), *posteriores* (la lengua se curva hacia atrás y se aproxima al velo) y *medios* (la lengua está en una posición similar a la de reposo).

VOCALES			
	anterior	**media**	**posterior**
cerrada	/i/		/u/
media	/e/		/o/
abierta		/a/	

22 Clasificación de las consonantes del español

Los 19 fonemas consonánticos del español se pueden clasificar atendiendo a los rasgos distintivos de punto y modo de articulación, resonancia nasal y sonoridad.

23 ¿Qué tipos de consonantes hay según el punto de articulación?

En función del punto de articulación, se distinguen los siguientes tipos de consonantes:

► **Bilabiales:** el labio inferior se aproxima o entra en contacto con el labio superior.

► **Labiodentales:** el labio inferior se repliega aproximándose o entrando en contacto con los dientes superiores.

► **Dentales:** el ápice de la lengua se aproxima o entra en contacto con los dientes superiores.

► **Interdentales:** el ápice de la lengua se sitúa entre los dientes superiores e inferiores.

► **Alveolares:** el ápice de la lengua se aproxima o entra en contacto con los alvéolos dentales.

► **Palatales:** la zona media de la lengua se eleva para aproximarse o entrar en contacto con la zona dura del paladar.

► **Velares:** la zona posterior de la lengua se retrae para aproximarse o entrar en contacto con el velo del paladar.

¿Qué tipos de consonantes hay según el modo de articulación?

`24`

Atendiendo al modo de articulación, las consonantes se dividen en:

► **Oclusivas:** se produce un cierre total de la cavidad bucal, tras el cual se empuja con fuerza el aire.

► **Fricativas:** los órganos que intervienen en la fonación se aproximan mucho, aunque dejan salir el aire produciendo una fricción.

► **Africadas:** se produce, consecutivamente, una oclusión y una fricción.

► **Líquidas:** se produce un contacto total entre algunos órganos, pero no se llega a interrumpir la salida del aire puesto que la oclusión de la boca no es total. Las consonantes líquidas se dividen en laterales y vibrantes. En las primeras, el sonido sale por los lados del lugar donde se produce la oclusión. En las segundas, los órganos que intervienen en la producción del sonido producen una vibración rápida, de modo que el aire sale de forma intermitente. La vibrante puede ser simple, cuando se produce una única vibración, o múltiple, cuando se producen varias.

¿Qué tipos de consonantes hay según la resonancia?

`25`

Según la resonancia, las consonantes se dividen en:

► **Orales:** solo se utiliza la cavidad bucal.

► **Nasales:** se utilizan simultáneamente las cavidades bucal y nasal.

26 ¿Qué tipos de consonantes hay según la sonoridad?

En función de la sonoridad, las consonantes se dividen en:

▶ **Sonoras:** las cuerdas vocales vibran.

▶ **Sordas:** las cuerdas vocales no vibran.

27 ¿Qué rasgos poseen las consonantes del español?

Las consonantes del español poseen los siguientes rasgos distintivos:

CONSONANTES ORALES SORDAS			
modo de articulación	punto de articulación	fonema	representación
oclusivas	bilabiales	/p/	**p**an
	dentales	/t/	**t**arde
	velares	/k/	**c**asa, **k**ilo, **qu**eso
fricativas	labiodentales	/f/	**f**amilia
	interdentales	/θ/	**z**apato, **c**erilla
	alveolares	/s/	**s**ábado
	velares	/χ/	**j**arabe, **g**emido

CONSONANTES ORALES SONORAS			
oclusivas	bilabiales	/b/	**b**arco, **v**iento, **w**olframio
	dentales	/d/	letra **d**: **d**edo.
	velares	/g/	**g**ato, **gu**itarra
fricativas	palatales	/y/	**y**ate
africadas	palatales	/t͡ʃ/	**ch**ocolate
líquidas laterales	alveolar	/l/	**l**una
	palatal	/ʎ/	**ll**uvia
líquidas vibrantes	alveolar (simple)	/r/	ca**r**a
	alveolar (múltiple)	/r̄/	**r**atón, ca**rr**o

CONSONANTES NASALES (SONORAS)			
modo de articulación	**punto de articulación**	**fonema**	**representación**
oclusivas	bilabiales	/m/	**m**undo
	alveolares	/n/	**n**ave
	palatales	/ɲ/	ni**ñ**a

17

28 LA SÍLABA

Al emitir un enunciado, los sonidos no se pronuncian aisladamente (como si se deletreara), sino que se agrupan en unidades mayores formadas por más de un sonido: **las sílabas.** Una sílaba es pues la agrupación de sonidos que constituyen una **unidad articulatoria.** Por ejemplo, en la pronunciación de la palabra «apagan» los sonidos se agrupan en tres sílabas: «a/pa/gan».

La división por sílabas no atiende al significado, sino tan solo a la pronunciación; las sílabas son unidades sin significado. Por ello, la división silábica no tiene por qué coincidir con la división en morfemas. Por ejemplo, en la segmentación de morfemas de *desatar* se distingue un prefijo derivativo *des-* y una base *atar*; en cambio, la división silábica de esta voz tiene tres sílabas: *de/sa/tar*.

LA ESTRUCTURA SILÁBICA

29 ¿Qué estructura tienen las sílabas?

Las sílabas siempre tienen un elemento central, llamado núcleo, que en español está constituido siempre por una vocal. Algunas sílabas solo constan de una vocal. En cambio, en otras sílabas aparecen sonidos antes o después del núcleo; constituyen el llamado margen silábico. En el margen pueden aparecer tanto vocales (a**i**/re, h**ue**/vo) como consonantes (**des**/**tru**/ir), aunque hay algunas restricciones en las consonantes que pueden formar parte del margen. El margen que precede al núcleo recibe el nombre de ataque, y el que lo sigue, el de coda.

30 ¿Qué son una sílaba abierta y una sílaba cerrada (o trabada)?

Las sílabas que acaban en vocal se llaman sílabas abiertas; la mayoría de sílabas del español son abiertas. Sin embargo, son también posibles sílabas que acaben en consonante; se denominan cerradas o trabadas. Las sílabas trabadas únicamente son posibles cuando la sílaba siguiente empieza a su vez por consonante. Pero cuando aparece una única consonante entre dos vocales pertenece siempre al ataque de la segunda sílaba.

¿Qué consonantes pueden aparecer en el ataque silábico?

Precediendo a la vocal que forma el núcleo silábico pueden aparecer una o dos consonantes. Cuando hay una única consonante, esta puede ser cualquiera de las consonantes del español; cuando son dos, solo son posibles algunas combinaciones:

▶ **Grupos cuyo segundo sonido es /r/:** *br, cr, dr, fr, gr, pr, tr*.

▶ **Grupos cuyo segundo sonido es /l/:** *bl, cl, fl, gl, pl*.

Si aparecen juntas otras dos consonantes cualesquiera, pertenecen a sílabas distintas:

at/**l**as   ac/**c**ión   an/**t**es

¿Pueden aparecer todas las consonantes en coda silábica?

No todas las consonantes pueden aparecer en coda silábica. Por ejemplo, no es habitual la /χ/ y la /ɲ/ no aparece nunca. Además, las agrupaciones de dos consonantes en coda son poco frecuentes. Solo son posibles las siguientes combinaciones:

bs: a**bs**/ten/ción, a**bs**/tra/er
ds: a**ds**/cri/bir, a**ds**/crip/ción
ns: i**ns**/ti/gar, i**ns**/tan/te
rs: pe**rs**/pi/caz, cá**rs**/ti/co

También son posibles los dos sonidos /ks/ con que se pronuncia la letra *x*: e**x**/tra/er (pronunciado *eks/tra/er*).

Algunas combinaciones de consonantes en coda que conservamos en la escritura no se pronuncian; por ello, la Real Academia prefiere la escritura simplificada. Así, las formas o**bs**/cu/ro y su**bs**/tan/ti/vo se escriben preferiblemente *os/cu/ro* y *sus/tan/ti/vo*.

VOCALES EN CONTACTO

¿Forman parte de la misma sílaba dos vocales en contacto?

Cuando dentro de la palabra hay dos o más vocales contiguas, pueden formar una sola sílaba o pertenecer a sílabas distintas.

Según ello, tenemos tres fenómenos distintos: diptongo, triptongo y hiato. En los hiatos, las dos vocales que se hallan en contacto forman parte de otras tantas sílabas; ambas son núcleo silábico. En los diptongos y triptongos, en cambio, solo una de las vocales constituye el núcleo silábico, mientras que las restantes forman parte del ataque o de la coda.

34 ¿Qué es un diptongo?

Un diptongo es una combinación de dos vocales contiguas que forman parte de la misma sílaba. Según cual de las dos constituya el núcleo, se distinguen los diptongos crecientes de los decrecientes.

▶ **Diptongo creciente:** se da en las combinaciones de una vocal cerrada *(i, u)* seguida de otra abierta *(a, e, o)*, o de dos vocales cerradas contiguas. La primera vocal forma parte del ataque y la segunda constituye el núcleo. Por ejemplo:

ciática	historia	cliente
estudie	ansioso	oficio
aduana	lengua	huésped
tenue	cuota	continuo
descuido	cuidado	triunfo

▶ **Diptongo decreciente:** se da en las combinaciones de una vocal abierta *(a, e, o)* seguida de otra cerrada *(i, u)*. La vocal abierta constituye el núcleo y la vocal cerrada forma parte de la coda. Por ejemplo:

baile	paisano	peine
amaseis	oigo	boicoteo
caucho	balaustrada	deudo
euforia	Sousa	Bousoño

Desde un punto de vista ortográfico, se considera que existe siempre diptongo cuando una vocal abierta *(a, e, o)* está en contacto con otra cerrada átona *(i, u)*, o cuando hay dos vocales cerradas contiguas, independientemente de cuál sea la pronunciación real. Por eso, palabras que se pronuncian en hiato, como *truhán* o *guión,* pueden ser consideradas, a efectos ortográficos, monosílabos con diptongo; en consecuencia, no llevan tilde *(truhan, guion).* La RAE admite las dos grafías, pero prefiere la segunda.

¿Qué es un triptongo?

35

Un triptongo es una combinación de tres vocales contiguas que forman parte de una misma sílaba. Se produce en las combinaciones de una vocal abierta *(a, o, e)* precedida y seguida de una vocal cerrada *(i, u)*. El núcleo es siempre la vocal abierta. Por ejemplo:

despreci**áis**	copi**éis**	efect**uáis**
m**iau**	epitel**ioi**de	b**uey**

¿Qué es un hiato?

36

Un hiato es la combinación de dos vocales contiguas que forman parte de sílabas distintas. Se produce en los siguientes casos:

COMBINACIONES DE VOCALES	EJEMPLOS
Dos vocales abiertas contiguas *(a, e, o)* siempre pertenecen a sílabas distintas.	*ald**e/a**, c**a/e**r, ot**e/a**r, p**e/ó**n, tor**e/o**, b**o/a**, cac**a/o***
Una vocal abierta átona *(a, e, o)* en combinación con otra cerrada tónica *(i, u)* siempre forma hiato: *ía, ie, ío, úa, úe, úo* *aí, eí, oí, aú, eú, oú*	*d**í/a**, r**í/e**te, l**í/l**o, cacat**ú/a**, fluct**ú/e**, d**ú/o**, arca**í**smo, cr**e/í**ste, **o/í**do, **a/ú**pate, f**e/ú**cho*
En ocasiones, la combinación de una vocal abierta seguida o precedida de una vocal cerrada no forma diptongo sino hiato; es decir, las dos vocales se pronuncian en sílabas separadas.	*v**i/a**je, r**i/e**ron, b**i/o**mbo, tr**u/h**an, gu**i**on, act**u/e**mos, fast**u/o**so, r**e/h**ilar, pr**o/h**ibido, **a/u**nar, r**e/u**nir*
Existe cierta vacilación en la pronunciación como diptongo o hiato de dos vocales cerradas consecutivas; a menudo, una u otra solución dependen de la zona geográfica o del hablante.	*r**i/e**lar, d**i/u**rno, d**i/u**resis fr**i/í**simo, destr**u/i**do, ant**i/h**istamínico*

LOS RASGOS
37 # SUPRASEGMENTALES

Los **rasgos suprasegmentales** son características **fóni-cas** que afectan a más de un fonema. Son el **acento,** ras-go fonológico que otorga mayor prominencia a una síla-ba frente a las demás, y la **entonación,** inflexión con la que se pronuncia la oración.

EL ACENTO

38 ¿Qué es el acento?

El acento es un rasgo fonológico que otorga mayor prominencia a una sílaba frente a las demás. La sílaba que recibe el acento se denomina tónica. En español, el acento permite diferenciar el significado de las palabras, y es siempre de intensidad: la sílaba tónica se pronuncia con mayor fuerza que las demás.

39 ¿Todas las palabras del español tienen una sílaba tónica?

La mayoría de palabras tienen una sílaba acentuada y son tóni-cas. Existen, sin embargo, algunas palabras átonas, que no tie-nen ninguna sílaba acentuada. En español son tónicos los sus-tantivos, los adjetivos, los verbos y las interjecciones, así como casi todos los adverbios y muchos de los pronombres. En cam-bio, son átonos los artículos, las preposiciones (excepto *según*), las conjunciones y algunos pronombres.

Las palabras tónicas solo pueden llevar una sílaba acentuada, excepto los adverbios terminados en *-mente* y algunos compuestos: *verdaderamente, físico-químico.*

40 ¿Qué es una palabra aguda, llana, esdrújula y sobresdrújula?

Según el lugar que ocupa la sílaba acentuada, o sílaba tónica, las palabras se clasifican en:

▶ **Agudas (oxítonas):** la sílaba tónica es la final: *habi**tó,** termi**nó.***

▶ **Llanas (paroxítonas):** la sílaba tónica es la penúltima: *habi-to, ter**mi**no.*

▶ **Esdrújulas (proparoxítonas):** la sílaba tónica es la antepenúltima: *__hábito, tér__mino.*

▶ **Sobresdrújulas (superproparoxítonas):** la sílaba tónica es la anterior a la antepenúltima: *devuélvemelo.* Únicamente pueden ser sobresdrújulas algunas combinaciones de verbos más pronombres.

La entonación

¿Qué es la entonación?

41

La entonación es un rasgo suprasegmental que afecta a segmentos mayores que la sílaba y que consiste en una modificación del tono con que se pronuncia la oración. La entonación puede hacer cambiar el significado de la oración, y varía en función de la modalidad oracional.

¿Qué son los grupos tónicos y los tonemas?

42

En la pronunciación de un enunciado, las palabras se agrupan en unidades fónicas separadas por pausas, llamadas grupos tónicos. Los grupos tónicos marcan las unidades de la entonación, al tiempo que forman núcleos de significado. El tipo de entonación depende de la inflexión final del grupo tónico, conocida como tonema, que se extiende desde la última sílaba tónica hasta el final del grupo tónico.

Tipos de tonemas

43

En español se distinguen dos tipos de tonemas: los ascendentes y los descendentes.

¿Qué es un tonema ascendente?

44

Un tonema ascendente es el que eleva el tono con respecto al resto del grupo. Se distinguen dos posibilidades:

▶ **Anticadencia:** es la elevación máxima posible. Es propia de las oraciones interrogativas absolutas y de las que dejan un significado incompleto.

► **Semianticadencia:** ofrece una elevación menor que la anterior; da al grupo tónico un sentido de continuidad.

45 ¿Qué es un tonema descendente?

Un tonema descendente es el que desciende el tono por debajo de lo normal. Existen dos posibilidades:

► **Cadencia:** es el descenso mayor. Marca el final absoluto de la frase.

► **Semicadencia:** ofrece un descenso menor, cercano al tono normal. Siempre va acompañado de otros grupos con distintos tonemas.

46 ¿Cuál es la entonación de una oración enunciativa?

Una oración enunciativa presenta diferentes entonaciones según los grupos fónicos de los que consta.

► **Con un solo grupo fónico** termina en cadencia:

Me gusta el cine.

► **Con dos grupos tónicos,** el primero termina en anticadencia y todos los demás, en cadencia:

Al verlo / me fui corriendo.

► **Con más grupos tónicos** presenta varias posibilidades. En una enumeración, el grupo final se pronunciará como cadencia; el penúltimo, como anticadencia, y todos los anteriores, como semicadencia:

Me gustan / los meses de junio, / julio / y agosto.

En una oración interrumpida por una subordinada o cualquier elemento parentético, los grupos intercalados terminarán en anticadencia y el que los precede, con semianticadencia:

En la plaza, / junto a la farola, / vi a María.

¿Cuál es la entonación de una oración interrogativa? `47`

Las oraciones interrogativas presentan siempre una anticadencia final:

¿Dónde estabas?

¿Cuál es la entonación de una oración exclamativa? `48`

La entonación general de una oración exclamativa es algo más alta que en las oraciones enunciativas, y termina con una cadencia que presenta un descenso mayor que en las oraciones enunciativas.

¡Hace tanto frío!

¿Cuál es la entonación de una oración imperativa? `49`

El tonema final de las oraciones imperativas es de cadencia, precedido de una ligera elevación del tono:

¡Sentaos todos!

Morfología

50 LA MORFOLOGÍA

La **morfología** es una disciplina lingüística que estudia las palabras de una lengua desde el punto de vista **formal**. Su interés consiste en describir tanto la estructura interna de las palabras como las características que poseen las diversas clases de palabras.

51 ¿Qué estudia la morfología?

El objeto de estudio de la morfología es doble. Por un lado, analiza la estructura interna de las palabras. Este análisis se efectúa descomponiendo los vocablos en unidades menores con significado, los llamados morfemas, y estableciendo qué reglas determinan la combinación de morfemas para formar nuevas voces de la lengua. Por otro lado, clasifica las palabras en distintas clases (las llamadas clases de palabras o categorías gramaticales) a partir de ciertas características formales comunes. Así mismo describe estas características formales y determina los paradigmas flexivos que, para cada una de las categorías gramaticales, permiten obtener las distintas variantes flexivas de un vocablo.

LOS MORFEMAS 52

Las palabras de la lengua se pueden segmentar en unidades menores, que son sus elementos integrantes. La unidad menor del análisis morfológico es el **morfema**, que se puede definir como la **unidad gramatical mínima** o la unidad mínima con significado léxico o gramatical.

LA CLASIFICACIÓN DE LOS MORFEMAS

Tipos de morfemas 53

Los morfemas se pueden clasificar atendiendo a una diversidad de criterios:

▶ **Criterio distribucional:** en función de la posición que ocupa el morfema, se distinguen las *raíces* de los *afijos*.

▶ **Criterio semántico:** en función del significado que tienen, se distinguen los *morfemas léxicos* de los *gramaticales*.

▶ **Criterio sintáctico:** en función de las propiedades sintácticas que presentan, se diferencian los *morfemas libres* de los *ligados*.

¿Qué son una raíz y un afijo? 54

La distribución de los morfemas en la palabra opone raíces a afijos.

▶ **La raíz** o **lexema** es el elemento que aporta el significado básico de la mayoría de las palabras. Es indivisible en unidades menores con significado, se mantiene invariable en todas las realizaciones flexivas de una palabra y suele ser común a las distintas palabras de una misma familia:

clar- en *claro, clara, clarear, claridad.*

▶ **Los afijos** se adjuntan a una raíz o al conjunto formado por una raíz más otros afijos. Forman palabras nuevas por derivación (como *re-* en *rehacer, reescribir* o *reconstruir*), o indican nociones gramaticales como la persona, el número o el género.

¿Qué es una base? 55

Se suele denominar *base* al segmento morfológico al cual se adjunta un afijo, ya sea una raíz (como *cubrir* en *descubrir*) o el conjunto de una raíz más otros afijos (como *descubrir* en *redescrubrir*).

56 ¿Qué son los morfemas léxicos y los morfemas gramaticales?

Según su significado, los morfemas se dividen en léxicos y gramaticales.

► **Los morfemas léxicos** tienen significado. Prototípicamente, designan objetos en los nombres; acciones, estados o procesos en los verbos, y cualidades en los adjetivos.

alt- es un morfema léxico que aparece en *alto, altitud, altura* o *altímetro.*

► **Los morfemas gramaticales** no tienen significado léxico, sino que se unen a una base con contenido léxico. Su función consiste en aportar significado gramatical (nociones como tiempo, modo, persona, género, etc.).

Son morfemas gramaticales los morfemas de género *-o, -a* y el morfema *-s* de número en *alto, alta, altos, altas,* así como también las partículas *y, a* o *de.*

57 ¿Qué son los morfemas libres y los morfemas ligados?

Las características sintácticas de los afijos permiten distinguir los morfemas *libres* de los *ligados.*

► **Los morfemas libres** tienen autonomía sintáctica y pueden, por tanto, aparecer constituyendo un enunciado independiente.

Son morfemas libres *sí, no, siempre* o *nunca,* así como también las raíces de palabras flexivas que pueden aparecer sin marcas de flexión, como *pan* o *mar.*

► **Los morfemas ligados** solo pueden aparecer asociados a otros morfemas.

Son morfemas ligados los morfemas flexivos y las raíces de palabras que no pueden aparecer sin marcas de flexión (*niñ-, alt-* o *cant-*), así como también las preposiciones, las conjunciones y los pronombres personales átonos; puesto que nunca pueden aparecer aislados, sino que requieren la presencia de la palabra a la cual introducen o modifican.

LOS AFIJOS

Clasificación de los afijos   58

Los afijos se pueden clasificar:

► **atendiendo a la posición que ocupan** en la palabra, en prefijos, sufijos, interfijos y circunfijos;

► **según la función que desempeñan,** en afijos derivativos y afijos flexivos.

¿Qué posición pueden ocupar los afijos?   59

Los afijos pueden ocupar distintas posiciones dentro de la palabra: al inicio, al final o entre dos bases. En función de ello, se distinguen:

► **Los prefijos,** que se sitúan al principio de la palabra.

► **Los sufijos,** que se sitúan al final de la palabra.

► **Los circunfijos,** que son prefijos discontinuos que se adjuntan de forma simultánea al principio y al final de la palabra.

► **Los interfijos,** que se insertan entre las dos bases que forman un compuesto.

¿Qué función pueden desempeñar los afijos?   60

Los afijos pueden desempeñar dos funciones:

► **Un afijo derivativo** crea una voz nueva a partir de una voz ya existente.

► **Un afijo flexivo** crea distintas variantes flexivas de una misma palabra (femenino, plural, tiempos de pasado, etc.).

¿Qué son los afijos derivativos y de qué tipos hay?   61

Los afijos derivativos se adjuntan a una palabra o a una base existente para formar una palabra o una base distinta. Se pueden clasificar atendiendo a dos criterios distintos:

► **Según la categoría gramatical resultante** se distingue la derivación heterocategorial (o heterogénea) y la derivación homocategorial (u homogénea). En la primera, el afijo derivativo cambia la categoría gramatical de la base resultante.

-ción forma nombres a partir de verbos: *admiración* (de *admirar*), *continuación* (de *continuar*);
-al forma adjetivos a partir de sustantivos: *arbitral* (de *árbitro*), *primaveral* (de *primavera*).

En la derivación homocategorial, en cambio, el afijo derivativo no cambia la categoría gramatical de la base a la cual se adjunta:

-ería forma nombres a partir de nombres: (*papelería*, de *papel*; *pastelería,* de *pastel*;
-ero forma nombres a partir de nombres (*frutero*, de *fruta*; *camionero*, de *camión*).

▶ **Según el significado** se distinguen los afijos significativos y los apreciativos. Los primeros cambian la clase o la subclase de la palabra o la base a la cual se adjuntan:

cambio de clase: de *colegio* a *colegial* (de nombre a adjetivo)
cambio de subclase: de *reloj* a *relojero* (de objeto a persona)

Los afijos apreciativos, en cambio, forman una palabra de la misma clase y subclase que la base, pero añaden un matiz significativo de tamaño o de actitud del hablante frente a lo dicho, o ambas cosas a la vez. Se distinguen:

* los *diminutivos*, que indican tamaño reducido o afecto (*-ito* en *cochecito* o *suavecito*);

* los *aumentativos*, que indican gran tamaño o ponderación (*-azo* en *cochazo*);

* los *despectivos*, que aportan noción de desprecio o burla (*-aco* en *pajarraco*);

* los *apreciativos*, que indican actitud positiva frente a lo dicho, a menudo asociada con tamaño grande (*-ote* en *grandote* o *archi-* en *archiconocido*).

62 ¿Los morfemas derivativos son léxicos o gramaticales?

El criterio semántico que permite distinguir entre morfemas léxicos y gramaticales presenta dificultades a la hora de caracterizar los afijos derivativos:

Por un lado, aportan cierto significado léxico:

re- tiene el significado de 'repetición', o *-ería* el de 'establecimiento donde se vende algo'.

Por otro lado, aportan significado gramatical, ya que pueden modificar la categoría de la base a la cual se adjuntan:

> *-al* forma adjetivos a partir de nombres; *-dor* crea nombres a partir de verbos.

¿Qué son los afijos flexivos y de qué tipos hay? `63`

Los afijos flexivos aportan únicamente información gramatical. No crean palabras nuevas, sino variantes de la misma palabra:

> cant**aba**, canta**ste**, cant**é**, cantar**íamos**

Proporcionan una información distinta si la base a la cual se adjuntan es un nombre o un adjetivo o si es un verbo.

¿Qué información aportan los afijos de flexión nominal? `64`

Los afijos de flexión nominal aportan información sobre género y número.

► **El morfema de género gramatical** indica si la palabra es masculina o femenina.

► **El morfema de número,** a su vez, indica si una palabra está en singular o en plural:

> *-o* y *-a* en *gato* y *gata* indican el género; *-s* en *gatos* indica plural.

¿Qué información aportan los afijos de flexión verbal? `65`

Los afijos que intervienen en la flexión verbal aportan información sobre las nociones que puede expresar la conjugación verbal. Se distinguen las nociones de persona (primera, segunda o tercera), número (singular o plural), tiempo (presente, pasado o futuro), modo (indicativo o subjuntivo) y aspecto (perfectivo e imperfectivo). A menudo, un mismo morfema verbal puede vehicular más de un contenido gramatical.

> En *cantábamos*, el morfema *-ba-* indica tiempo pasado, modo indicativo y aspecto imperfectivo, y el morfema *-mos* indica primera persona y número plural.

LOS PREFIJOS

66 ¿Qué son los prefijos?

Los prefijos son morfemas ligados que preceden a la raíz o a otro prefijo, como *re-* o *des-* en *descubrir* o *redescubrir*.

67 ¿Cambian los prefijos la categoría de la palabra a la que se unen?

Como regla general, los prefijos no cambian la categoría de la base a la cual se adjuntan.

Un derivado por prefijación de un verbo es otro verbo (*reinventar* de *inventar*, o ***des**montar* de *montar*), o un derivado de un adjetivo es otro adjetivo (***in**capaz* de *capaz*, o ***a**moral* de *moral*).

Unos pocos prefijos crean adjetivos a partir de nombres:

anti: **anti**vuelco, **anti**minas, **anti**persona
multi: **multi**tiuso, **multi**función, **multi**tarea

68 ¿Cuáles son los principales prefijos del español?

El listado de prefijos que existen en español es muy extenso. Los principales son los siguientes:

PREFIJOS DEL ESPAÑOL		
prefijo	**significado**	**ejemplo**
a-	aproximación	*atraer*
a-, an-	negación	*asimetría*
ante-	anterioridad	*anteponer*
anti-	oposición	*antisistema*
archi-	apreciativo de superioridad	*archiconocido*
con-, co-, com-	compañía	*coautor*
contra-	oposición	*contraatacar*
des-, de-	negación	*desmontar*

dis-	privación	discapacitado
entre-	situación intermedia	entreacto
ex-	cese	excombatiente
extra-	situación exterior	extraoficial
extra-	apreciativo de superioridad	extraplano
in-, im-, i-	negación	irreconocible
intra-	interioridad	intranet
pos-, post-	posterioridad	posponer
pre-	anterioridad	prever
re-	repetición	rehacer
re-, requete-	apreciativo de superioridad	requetebién
retro-	dirección hacia atrás	retropropulsor
sobre-	exceso, superioridad	sobrecargar
sub-	inferioridad, defecto	subestimar
super-	apreciativo de superioridad	superbonito
tras-, trans-	situación al otro lado	transmediterráneo
ultra-	situación más allá	ultramar

LOS SUFIJOS

¿Qué son los sufijos?

69

Los sufijos son morfemas ligados que suceden a la raíz o a otro sufijo:

-dor en *corredor* o *vendedor*, *-a* en *corredora* o *vendedora*.

35

70 ¿Qué tipos de sufijos hay?

Existen dos tipos de sufijos:

► **Los sufijos derivativos** crean nuevas palabras por derivación:

-*miento* en *crecimiento* -*al* en *frutal*
-*ble* en *realizable* -*ísimo* en *buenísimo*

► **Los morfemas flexivos** expresan nociones gramaticales, como el género, el número o el tiempo.

71 ¿Los sufijos derivativos cambian la categoría de la base a la cual se adjuntan?

Muchos sufijos seleccionan la categoría gramatical de la base a la cual se pueden adjuntar. Algunos de ellos no cambian la categoría de dicha base, pero otros la pueden modificar. Existen diversas combinaciones, que se presentan en las siguientes tablas.

SUFIJOS QUE CREAN NOMBRES		
sufijo	**a partir de**	**ejemplo**
-*aje*	nombres	*cortinaje*
-*dor*	verbos	*vendedor*
-*ura*	adjetivos	*frescura*

SUFIJOS QUE CREAN VERBOS		
sufijo	**a partir de**	**ejemplo**
-*ear*	nombres	*golear*
-*ecer*	nombres o adjetivos	*florecer, palidecer*

SUFIJOS QUE CREAN ADJETIVOS		
sufijo	**a partir de**	**ejemplo**
-al	nombres	teatral
-ble	verbos	habitable
-avo	numerales	onceavo

LOS CIRCUNFIJOS Y LOS INTERFIJOS

¿Qué son los circunfijos?

72

Los circunfijos son afijos discontinuos formados por un prefijo y un sufijo que se adjuntan de forma simultánea a una base para formar una nueva palabra. Por ejemplo:

en- … -ecer en entristecer, a- … -ar en aclarar.

El proceso de creación de palabras por medio de circunfijos se denomina parasíntesis.

¿Qué son los interfijos?

73

Los interfijos se insertan entre las dos bases integrantes de un compuesto:

-i- en cejijunto, altibajo, manicura.

También se denominan interfijos los segmentos carentes de significado que se insertan entre la raíz y los sufijos de algunas palabras derivadas:

-cec- en piececito, -ar- en polvareda.

LA FORMACIÓN

74 # DE PALABRAS

El léxico de una lengua no constituye un conjunto estable de unidades, sino que con el paso del tiempo va modificándose. Salvo en algunas pocas categorías gramaticales que tienen un inventario cerrado, la mayoría de parcelas del léxico ven constantemente ampliado su repertorio con la incorporación de **neologismos**. Una de sus principales fuentes de creación se halla en la formación de palabras nuevas.

75 ¿Cómo se amplía el léxico de una lengua?

Las lenguas amplían su repertorio léxico de forma constante. Para ello, existen fundamentalmente dos procesos:

► **El préstamo de otras lenguas:**

En español usamos actualmente palabras como *software, búnquer* o *élite,* que se han tomado prestadas de otros idiomas.

► **La formación de palabras** con los mecanismos morfológicos de los que dispone la propia lengua. Estos procesos parten siempre de palabras ya existentes en la lengua, a partir de las cuales crean palabras nuevas:

A partir de *corcho* se pueden crear palabras como *sacacorchos* o *descorchar.*

76 ¿Qué procesos de formación de palabras existen?

Los procesos de formación de nuevas palabras son, fundamentalmente, la derivación y la composición. A medio camino entre ellos, compartiendo caracteres con ambos y también con el fenómeno del préstamo, se halla la utilización de raíces de origen griego y latino. Existen finalmente otros procesos, mucho menos frecuentes, basados en el acortamiento de palabras ya existentes: los acortamientos léxicos, los acrónimos y, en menor medida, las siglas.

LA DERIVACIÓN

¿Cómo se crean palabras por derivación? `77`

La derivación es un proceso de formación de palabras nuevas que consiste en añadir un afijo derivativo a una base léxica, ya sea a una raíz o al conjunto formado por una raíz más otro(s) afijo(s). Según el tipo de afijo utilizado en la derivación, se distinguen la *prefijación*, la *sufijación* y la *parasíntesis*.

¿Cómo se crean palabras por prefijación? `78`

La prefijación es un proceso de derivación mediante un prefijo (***des**-hacer, **in**-usual*). La derivación puede operar sobre una raíz (*des-cubrir*) o sobre una base léxica que sea a su vez derivada (*re-descubrir*). Salvo en unos pocos casos (como *anti-*), la prefijación no cambia la categoría de la base a la cual se adjunta.

¿Cómo se crean palabras por sufijación? `79`

La sufijación es un proceso de derivación mediante un sufijo. Se pueden crear palabras por derivación:

► A partir de una raíz: *teatr**al***.

► A partir de una base que sea a su vez derivada: *teatral**idad***.

► A partir de bases compuestas (aunque no es muy frecuente): *barriobaj**ero***.

Algunos sufijos cambian la categoría gramatical de la base, mientras que otros la mantienen:

> *-ble* crea adjetivos a partir de verbos, *-ero* o *-ería* crean nombres a partir de nombres.

¿Cómo se crean palabras por parasíntesis? `80`

La parasíntesis es un proceso de derivación que utiliza un circunfijo. Es decir, se añade de forma simultánea un prefijo y un sufijo. Por eso, existe la palabra derivada con el circunfijo, pero no existe una palabra resultante de añadir solo un prefijo o un sufijo a la base.

> ***en**-roj-**ecer*** (pero no es posible **rojecer* o **enrojo*), ***en**-lat-**ar*** (no existe, sin embargo, el sustantivo **enlata* o el verbo **latar*) o ***a**-tont-**ar*** (pero no se da **tontar* ni el adjetivo o sustantivo **atonto*).

La parasíntesis es fundamentalmente un proceso de creación de verbos *(acortar, ennegrecer...)*, aunque también se pueden formar adjetivos que, en ocasiones, tendrían su origen en el participio de un verbo inexistente: *achinado, acampanado, enzapatillado*.

 En algunos estudios gramaticales, el término parasíntesis se usa también para designar los derivados formados a partir de una base compuesta: *barriobajero, pordiosero, sietemesino*.

La composición

81 ¿Cómo se crean palabras por composición?

La composición es un proceso morfológico por el cual se crean voces a partir de la combinación de dos o más palabras o bases:

pisapapeles	correveidile
picapedrero	cantamañanas

Sin embargo, bajo el término *composición* se engloban fenómenos que resultan de procesos parcialmente distintos. Las diferencias que existen en los elementos con los que se forma un compuesto permiten distinguir los compuestos léxicos (o propios) de los compuestos sintagmáticos (o impropios).

TIPOS DE COMPUESTOS

tipo de compuesto	formado por	ejemplos
compuesto léxico o propio	dos palabras	*bocacalle, cubrecamas*
compuesto sintagmático o impropio	dos bases o palabras con alguna modificación fónica	*pelirrojo, altisonante*
	una oración completa	*bienmesave, correveidile*
	un sintagma con sentido propio	*fin de semana, cortina de humo*

¿Cómo son los compuestos léxicos?

82

Los compuestos léxicos resultan de la combinación de dos palabras o bases. En ellos, pueden intervenir formas flexivas completas *(lavamanos)*, aunque a menudo la primera de las voces pierde alguno de sus elementos integrantes (*agridulce*, que proviene de *agrio*). Asimismo es posible que entre los dos componentes aparezca un interfijo (esto es, un morfema sin significado): *man-i-atar*.

¿Cómo son los compuestos sintagmáticos?

83

Los compuestos sintagmáticos son palabras que se han creado a partir de la fijación de una unidad superior a la palabra:

▶ **Pueden ser el resultado de la fijación de una oración completa.** En tal caso, el compuesto se utiliza como una única palabra, en la que han quedado cohesionados todos sus componentes: *correveidile, metomentodo.*

▶ **Pueden estar formados por un sintagma fijo,** que tiene un significado lexicalizado. Los compuestos de este tipo tienen una gran cohesión interna y presentan un comportamiento sintáctico muy rígido.

> Así, es posible *orden del día,* pero no **orden de un día* ni **orden del otro día.*

OTROS PROCESOS DE FORMACIÓN DE PALABRAS

¿Qué otros procesos de formación de palabras existen?

84

Los principales procesos mediante los cuales el español se nutre de nuevas palabras son la derivación y la composición. Junto a ellos, existe una serie de procesos, menos productivos, que tienen entre sí la característica común de que suponen el acortamiento de una o más palabras existentes. Se trata de los acortamientos léxicos, los acrónimos y las siglas.

¿Qué son los acortamientos léxicos?

85

Los acortamientos léxicos constituyen un proceso de formación de palabras con el que se crea una nueva palabra a partir de un segmento de otra (generalmente su inicio):

poli (de ***policía***)   *moto* (de ***moto***cicleta)
facu de (***facultad***)   *cine* (de ***cine***matógrafo)

El acortamiento tiene el mismo significado y pertenece a la misma categoría gramatical que la forma completa. En general, los acortamientos suelen ser propios de la lengua oral o de registros informales, pero en ocasiones llegan a extender su uso a otros registros, como en el caso de *taxi, cine, foto* o *metro*.

86 ¿Qué son los acrónimos?

Los acrónimos son nuevas palabras formadas a partir de segmentos de dos o más palabras que constituyen un sintagma. Por regla general, se toma el principio de la primera palabra y el final de la segunda:

apartotel, de ***apart***amento y h***otel***
ofimática, de ***ofi***cina e inf***ormática***

Existen, sin embargo, otras posibilidades menos frecuentes:

tergal, de poliés***ter*** y ***gal***o

Algunos neologismos del español actual son préstamos que se han formado por acronimia en otras lenguas.

bit, de ***b***inary dig***it***
modem, de ***mo***dulator ***dem***odulator

87 ¿Qué son las siglas?

Una sigla es una palabra formada a partir de las letras iniciales de otras tantas palabras que constituyen una unidad sintáctica, generalmente un nombre propio.

OTAN, de *Organización del Tratado del Atlántico Norte*
ESO, de *Enseñanza Secundaria Obligatoria*
LOE, de *Ley Orgánica de Educación*

Las siglas se escriben como una única palabra, sin puntos entre las letras; aunque el uso de puntos no es incorrecto según la Real Academia. Cuando las siglas tienen un referente plural, se suelen escribir duplicando las letras que las forman: *EE.UU.* (Estados Unidos), *JJ.OO.* (Juegos Olímpicos). En tal caso, se escribe un punto tras cada par de letras.

¿Las siglas son palabras nuevas?

El uso de siglas es muy frecuente en la lengua actual, especialmente en los medios de comunicación, puesto que su utilización permite ahorrar espacio. La mayor parte de veces se usan como nombres propios, equivalentes al nombre propio completo, y no crean una nueva palabra. Sin embargo, en algunas ocasiones se llegan a lexicalizar y forman entonces una palabra nueva: *ovni, sida.*

LAS CATEGORÍAS

89 # GRAMATICALES

Desde un punto de vista gramatical, las palabras que forman el léxico de una lengua no constituyen un conjunto heterogéneo, sino que entre sí mantienen importantes similitudes tanto formales como de significado. En virtud de estas similitudes, las palabras se agrupan en conjuntos homogéneos que reciben el nombre de **categorías gramaticales** (también llamadas **clases de palabras** o las **partes de la oración**).

90 ¿Qué criterios permiten distinguir las clases de palabras entre sí?

La clasificación de las categorías gramaticales contempla cuatro factores:

▶ **Función sintáctica:** es el principal criterio para establecer la clasificación de las categorías gramaticales.

▶ **Variación formal:** hay algunas categorías que presentan variación de flexión (como el nombre o el verbo) y otras que son invariables (como la conjunción o la preposición).

▶ **Significado:** tradicionalmente, el significado ha sido el criterio más utilizado para categorizar las partes de la oración: los verbos indican acción, los sustantivos designan personas, animales o cosas, etc.

▶ **Clase abierta o cerrada:** algunas categorías gramaticales constituyen clases con un inventario de unidades cerrado, que no se puede ampliar con palabras de nueva creación (por ejemplo, las preposiciones), mientras que otras ven ampliado constantemente su repertorio (por ejemplo, verbos o adjetivos).

91 ¿Qué clases de palabras hay?

Se suelen distinguir ocho categorías gramaticales: nombre, adjetivo, verbo, adverbio, preposición, pronombre, determinante y conjunción. El hecho de que una palabra pertenezca a una u otra categoría gramatical determina el comportamiento que tendrá, tanto desde el punto de vista sintáctico (tipos de construcciones en las que puede aparecer) como morfológico (estructura interna que posee) o semántico (tipo de significado que tiene).

¿La interjección es una clase de palabra?

Las interjecciones son palabras aisladas que constituyen por sí solas un enunciado exclamativo independiente; se usan para expresar un sentimiento, para llamar la atención, para saludar, para imitar un sonido, etc.

¡ah!	¡atiza!	¡corchos!
¡mira!	¡fíjate!	¡anda!
¡venga!	¡hombre!	¡guay!

Al funcionar como una oración completa, no constituyen en rigor una *parte de la oración*, y no pueden desempeñar ninguna de las funciones de las demás categorías gramaticales (sujeto, objeto, predicado, etc.).

93 EL NOMBRE

El **nombre**, también llamado **sustantivo**, es una clase de palabra que se caracteriza por ser el núcleo del sintagma que prototípicamente desempeña la función de sujeto (un **gato** come), de objeto directo (tengo un **gato**) o de término de preposición (para un **gato**); aunque también puede realizar otras funciones, como la de predicado de un verbo copulativo (este animal es un **gato**).

94 ¿Cambia de forma el nombre?

Desde el punto de vista de la variación flexiva, el nombre suele tener flexión de número (*casa* frente a *casas*). Además, tiene siempre género intrínseco, de modo que exige concordancia en femenino o masculino a los determinantes, pronombres y adjetivos. En algunas ocasiones, los nombres poseen también flexión de género *(león, leona; chico, chica)*.

95 Tipos de nombres

La primera gran división en el seno de la clase de los nombres opone nombres comunes (o apelativos) a nombres propios. Desde el punto de vista del significado, los nombres comunes se caracterizan por designar clases de objetos, mientras que los nombres propios refieren a objetos únicos. Dentro de los primeros se distingue, además, entre nombres contables y no contables, entre nombres individuales y colectivos, y entre concretos y abstractos.

EL NOMBRE PROPIO Y EL NOMBRE COMÚN

96 ¿Qué diferencias hay entre un nombre propio y un nombre común?

▶ Un nombre propio designa un objeto o ser único. Dicho de otro modo, un nombre propio expresa cómo se llama una determinada entidad:

Mediterráneo designa un mar en concreto, no un mar cualquiera.

▶ Un nombre común designa una clase, pero no una entidad

concreta perteneciente a esa clase. En otros términos, un nombre común expresa *qué es* una determinada entidad.

> *Perro* refiere a todos los seres de la clase *perro*, pero no a un ser en concreto; para que la referencia se haga a un ser concreto, el sustantivo común debe individuarse o actualizarse con un determinante: *el perro*.

Los nombres propios se escriben siempre con mayúscula inicial. Por eso, la mayúscula inicial tiene a veces valor diferenciador entre usos de palabras como nombre común y como nombre propio. Por ejemplo: «Trabaja en la *Administración*», frente a «Le preocupa la *administración* de sus bienes».

NOMBRES PROPIOS	NOMBRES COMUNES
No tienen significado léxico, sino que designan un ser único.	Tienen significado léxico.
Constituyen por sí solos un sintagma nominal. Por ello, no admiten determinantes ni complementos especificativos, y pueden ejercer las funciones propias de los sintagmas nominales (sujeto, objeto o término de preposición).	Constituyen el núcleo de un sintagma nominal y, salvo algunas excepciones, no pueden ejercer por sí solos las funciones propias de este tipo de sintagmas, sino que necesitan de determinantes y adjetivos para ello.
En muchas ocasiones, son intraducibles.	Suelen admitir traducciones a otras lenguas.
Pueden ser nombres de persona (nombres de pila, apellidos, hipocorísticos y apodos), nombres geográficos (de ciudades, países, ríos, etc.), de instituciones y marcas (a menudo en forma de siglas) o de productos concretos de la actividad humana (obras de arte, edificios, puentes, etc.).	Se clasifican, según su significado y sus características gramaticales, en contables y no contables y en individuales y colectivos.

97 ¿Llevan artículo los nombres propios?

En algunas ocasiones, los nombres propios admiten determinantes y complementos especificativos:

la España de la posguerra   el Juan que yo conocí

En tales casos, se toma el nombre propio como una clase formada por distintas entidades que pueden especificarse, y tiene un comportamiento similar al de los nombres comunes.

 También se suele usar el artículo ante los nombres propios de persona en la lengua oral: *la Rosa, el Juan*. Aunque este uso se considera vulgar o dialectal.

LOS NOMBRES CONTABLES Y LOS NO CONTABLES

98 ¿Qué son los nombres contables y los nombres no contables?

▶ **Los nombres contables** (también llamados nombres discontinuos o nombres discretos) designan realidades que no pueden dividirse sin dejar de ser lo que son y se pueden numerar. Por ejemplo, *un trozo de una silla* no es *una silla*.

▶ **Los nombres no contables** (también llamados nombres continuos o nombres de materia) designan realidades que conservan su misma naturaleza y nombre cuando se dividen en otras menores y se pueden medir pero no numerar. Por ejemplo, *un poco de vino* es *vino*, y *un pedazo de pan* es *pan*.

NOMBRES CONTABLES	NOMBRES NO CONTABLES
Cuando aparecen con cuantificadores, se indica el número de objetos que hay: *veinte libros, muchos problemas*.	Con cuantificadores se indica la cantidad, pero no el número: *mucha agua, poca mantequilla*.
En plural, denotan una colectividad de objetos: *los libros* denota varios objetos de la clase *libro*.	En plural, denotan distintas clases o porciones de la materia: *los vinos* significa distintos tipos o botellas de vino.

Como objeto del verbo en singular, requieren determinante: *quiero un libro*.	Como objeto del verbo en singular, pueden ir sin determinante (y designan la materia: *quiero agua*) o con determinante (y designan porciones o clases: *quiero un agua*).
Como complemento preposicional, indican algo distinto de la materia de la que está hecha algo: *mesa de despacho*.	Como complemento preposicional, indican la materia de la que está hecha algo: *mesa de cristal*.

Nombres individuales y colectivos

¿Qué son los nombres individuales y los nombres colectivos?

99

▶ **Los nombres colectivos** son sustantivos que en singular designan conjuntos o agrupaciones de seres y objetos, como *vecindario* o *alumnado*.

▶ **Los nombres individuales** expresan en singular una sola entidad, como *coche* o *árbol*.

NOMBRES COLECTIVOS	NOMBRES INDIVIDUALES
Aceptan el adjetivo *numeroso* en singular: *vecindario numeroso, alumnado numeroso*.	No pueden llevar el adjetivo *numeroso* en singular.
Pueden ser término de la preposición *entre* en singular: *entre el público, entre el vecindario*.	Solo pueden ser término de la preposición *entre* en plural o coordinados: *entre los libros; entre un árbol y el otro*.
Pueden ser en singular complemento de verbos como *combinar, juntar, reunir*, que requieren objetos plurales: *reunió a la familia*.	Solo pueden ser complemento de estos verbos en plural o coordinados: *reunió todos los libros; reunió al padre y al hijo*.

NOMBRES CONCRETOS Y ABSTRACTOS

100 ¿Qué diferencias hay entre un nombre concreto
y un nombre abstracto?

▶ **Los nombres concretos** son los que designan seres reales o
que se pueden representar como tales y pueden percibirse a través de los sentidos.

agua	fantasma	niño
estatua	gigante	pájaro
extraterrestre	flor	roca

▶ **Los nombres abstractos** no designan objetos reales y solo se
perciben con el intelecto. Suelen indicar cualidad, cantidad, etc.

Andadura	dúo	pensamiento
blancura	enemistad	quinteto
dificultad	fe	temor
docena	maldad	vagancia

EL GÉNERO DEL NOMBRE

101 ¿Qué es el género de un nombre?

El género gramatical en los sustantivos atiende a la distinción
entre masculino y femenino, e indica la concordancia que un
nombre exige al determinante, el pronombre o el adjetivo.

102 ¿De qué depende el género del nombre?

▶ **En los nombres que designan seres animados con distinción de sexo** (la mayoría de animales, personas, algunos oficios, etc.), la distinción del género gramatical depende del sexo
de la realidad nombrada. Por ello, se habla en estos casos de
género *motivado*.

▶ **Cuando un nombre designa una realidad no sexuada,**
el género gramatical no depende del tipo de realidad designada. En tal caso, decimos que el género es *no motivado* o
inmotivado.

El género gramatical motivado

¿Qué se entiende por género gramatical motivado?

El género gramatical motivado es el que está asociado a la distinción de sexo de la realidad nombrada. En tales casos, la distinción de género asociada a dicho cambio se puede marcar de distintos modos:

▶ Mediante la flexión: *gato, gata.*

▶ Mediante heterónimos; es decir, palabras distintas para el masculino y el femenino: *caballo, yegua.*

▶ Con el artículo: *el* alpinista, *la* alpinista.

Los sustantivos que marcan el cambio de género mediante el artículo se denominan nombres de género común. Se distinguen de los sustantivos de género epiceno, que no cambian de género pero marcan esta distinción con palabras como *varón/mujer* o *macho/hembra*: *el elefante macho, el elefante hembra.*

¿Cómo se marca la distinción de género mediante la flexión?

Existe una raíz única, y la diferencia de género se marca con un morfema de flexión. Generalmente, se utiliza *-o* para el masculino y *-a* para el femenino, aunque en ocasiones hay morfemas propios para el femenino: *-triz, -ina, -isa, -esa,* etc.

FLEXIÓN DE GÉNERO	
forma masculina	**forma femenina**
gato, perro, león	gata, perra, leona
conde, marqués	condesa, marquesa
papa, poeta	papisa, poetisa
gallo, rey	gallina, reina
actor, emperador	actriz, emperatriz

¿Qué son los heterónimos?

Se consideran heterónimos dos nombres, con raíces distintas, que designan respectivamente el masculino y el femenino. Aunque la distinción de género no depende de la terminación, la forma masculina suele terminar en *-o* y la femenina en *-a.*

EL GÉNERO EN LOS HETERÓNIMOS	
forma masculina	**forma femenina**
padre	madre
yerno	nuera
hombre	mujer
toro	vaca
caballo	yegua

106 ¿Qué son los nombres de género común?

En los nombres de género común, una misma forma, sin variación de flexión, sirve para el masculino y el femenino. La distinción de género se marca con los determinantes y adjetivos.

EL GÉNERO EN LOS NOMBRES COMUNES	
forma masculina	**forma femenina**
el cónyuge	la cónyuge
el cantante	la cantante
el estudiante	la estudiante
el periodista	la periodista

En algunos oficios tradicionalmente desempeñados por hombres, la distinción de género solía hacerse por medio del artículo: *el juez, la juez*. Hoy, se tiende a hacerla por medio de la flexión: *juez, -a*; *médico, -a*; *ministro, -a*, etc.

107 ¿Qué es el género epiceno?

Hablamos de género epiceno cuando una forma con género único sirve para designar ambos sexos; para distinguirlos, se añade *varón/mujer* en las personas y *macho/hembra* en los animales. El nombre no varía de género, como muestra el hecho de que el artículo no cambia.

EL GÉNERO EPICENO	
forma masculina	**forma femenina**
la jirafa macho	la jirafa hembra
el elefante macho	el elefante hembra
la víctima varón	la víctima mujer
el testigo varón	el testigo mujer

El género gramatical no motivado

¿Qué se entiende por género gramatical no motivado? `108`

Se habla de género gramatical no motivado cuando el género del nombre no está asociado a una distinción de sexo. En este caso, la oposición entre masculino y femenino no se puede prever de forma sistemática; sin embargo, se observan algunas tendencias generales según la *clase léxica* de la voz o su *terminación*. Así mismo, en ocasiones el género gramatical puede estar asociado a un *cambio de significado*. Finalmente, existen sustantivos en los que el género es *ambiguo*.

¿Qué relación existe entre la clase léxica a la cual pertenece el nombre y su género? `109`

Aunque son muchas las excepciones, los nombres pertenecientes a una misma clase léxica suelen tener el mismo género gramatical que el término genérico que los engloba a todos.

Por ejemplo, los nombres propios de los establecimientos públicos, como los hoteles, los museos, los teatros o los bares, también acostumbran a tener género masculino:

Veraneo en el Villa Soleada.
Esta obra la representan en el Sevillano.

Los océanos, mares lagos y ríos también suelen ser masculinos *(el Titicaca, el Mediterráneo, el Pacífico),* así como los puntos cardinales *(el Norte, el Este).*

Los idiomas, las notas musicales y los números acostumbran asimismo a tener género masculino:

el intervalo va del do al mi
cuenta del uno al diez

EL GÉNERO Y LAS CLASES LÉXICAS

son generalmente nombres masculinos	son generalmente nombres femeninos
Los aviones y barcos: *el Boeing 347, el Titanic.*	Las carreteras y autopistas: *la N II, la A 16.*
Los coches: *un seat, un mercedes, un peugeot.*	Las empresas, compañías y sociedades: *la Seat, la Hidroeléctrica, la Telefónica.*
Los colores: *el blanco, el negro, el rojo, el azul, el amarillo.*	Las motocicletas: *una yamaha, una BMW.*
Las obras de arte (en especial, los cuadros): *un goya, un miró, un dalí.*	Las horas: *la una, las dos, las tres.*
Los días, meses, años y siglos: *el lunes, el martes, un enero frío, un febrero soleado, 2000 fue muy provechoso, el siglo XI.*	Las islas y archipiélagos: *las Baleares, las Bahamas, las Canarias.*
	Las letras del alfabeto: *la a, la b, la c.*

110 ¿Qué relación existe entre el género del nombre y su terminación?

La terminación de un nombre es un factor que puede orientar sobre el género de la palabra. Aunque nunca es determinante, se observan algunas tendencias, indicadas en la tabla de la página siguiente.

EL GÉNERO Y LA TERMINACIÓN

son generalmente nombres masculinos	son generalmente nombres femeninos
Los terminados en -o (excepto mano, nao, las apócopes como radio o moto y algún otro): cabello, olmo, carro.	Los terminados en a (excepto los de origen griego, como anagrama, problema): cabeza, casa.
Los terminados en las consonantes l, n (salvo los terminados en -ión y -zón), r, s (salvo los nombres de origen griego), t y x: caudal, tren, telar, compás, ápax, hábitat. Los aumentativos con -ón: sillón, notición.	Los derivados con -triz: cicatriz, bisectriz.
	Los terminados en -ie(s): serie, intemperie, caries.
	Los derivados con -icie: calvicie, molicie.
Los terminados en -ete: sorbete, zoquete, banquete. Los derivados con -dor y -tor: colador, tractor, cursor. Los derivados con -il: redil, atril.	Los derivados con -ez: ñoñez, idiotez, delgadez.
	Los derivados con -dad e -idad: barbaridad, soledad, brutalidad. Los terminados en -ión: legión, región, opinión.
	Los derivados con -sión, -ción y -zón: introversión, consumición.
	Los derivados en -tud: multitud.
	Los terminados en -tumbre y -dumbre: costumbre, muchedumbre.

¿Existen nombres que cambien de significado según el género?   `111`

En ocasiones, la diferencia entre masculino y femenino puede estar asociada con un cambio de significado, como explica la tabla de la página siguiente:

MASCULINO	FEMENINO	EJEMPLOS
árbol	fruta	cerezo / cereza manzano / manzana
tamaño mayor	tamaño menor	cesto / cesta barco / barca
tamaño menor	tamaño mayor	ramo / rama ventano / ventana
objeto	persona	costurero / costurera verdulero / verdulera
persona	instrumento	el trompeta / la trompeta el espada / la espada
persona o establecimiento	institución o colectivo	el policía / la policía el banco / la banca

Los sustantivos de los dos últimos grupos, como *trompeta* o *policía*, pueden designar a personas tanto en masculino como en femenino (el hombre que toca la trompeta = *el trompeta*; la mujer que toca la trompeta = *la trompeta*). En cambio, el significado de 'instrumento' o 'institución' solo es posible en femenino: *la trompeta* (instrumento), *la policía* (institución).

112 ¿Existen nombres de género ambiguo?

Algunos pocos nombres pueden ser indistintamente masculinos o femeninos. En estos casos, la elección del género depende del hablante, de la zona geográfica o de razones estilísticas. Son los denominados *sustantivos de género ambiguo*.

el mar / la mar   el reuma / la reuma
el color / la color   el calor / la calor

EL NÚMERO DE LOS NOMBRES

¿Qué es la flexión de número de los nombres?

`113`

El número gramatical en los sustantivos refleja la distinción entre *singular* y *plural*. La gran mayoría de sustantivos del español admite la diferencia entre una forma singular y otra plural, y en general esta distinción corresponde a la oposición «uno» / «más de uno»:

casa (singular = 1), *casas* (plural = más de uno)
ley (singular = 1), *leyes* (plural = más de uno)

Sin embargo, algunos nombres carecen de alguna de las dos formas:

No tienen flexión nombres como *paraguas* o *abrelatas,* aunque presentan oposición singular / plural *(el paraguas / los paraguas).* Otros nombres son siempre plurales, como *posaderas (*posadera),* o siempre singulares, como *Oeste (*Oestes).*

¿Qué categorías gramaticales concuerdan con los nombres en número?

`114`

El sustantivo exige concordancia de número a adjetivos, determinantes y pronombres. Es decir, estas categorías gramaticales estarán en singular o en plural en función del número que tenga el nombre al cual complementan o especifican. Además, el nombre concuerda en número con el verbo en caso de ser sujeto.

TIPOS DE NOMBRE SEGÚN EL NÚMERO

¿Qué tipos de nombres existen según la flexión de número?

`115`

Cabe distinguir cuatro tipos de sustantivo en relación con la flexión de número:

▶ **nombres con flexión de número** *(casa, casas);*

▶ **nombres sin flexión de número** pero con oposición singular / plural *(abrecartas);*

▶ **nombres siempre plurales** *(bártulos);*

▶ **nombres siempre singulares** *(salud).*

116 ¿Qué nombres tienen flexión de número?

Tienen flexión de número la gran mayoría de sustantivos del español; esto es, presentan una forma singular y otra plural. El plural se forma añadiendo un morfema de flexión al singular.

coche, coches	libro, libros	movimiento, movimientos
paso, pasos	casa, casas	puente, puentes

117 ¿Qué nombres sin flexión de número presentan oposición singular / plural?

Los sustantivos que terminan con la secuencia «vocal átona + s» pueden tener significado tanto plural como singular, pero no varían en su forma:

crisis	atlas	bocazas
abrecartas	pisapapeles	manazas
buscapersonas	cascarrabias	hipótesis

118 ¿Qué nombres emplean siempre el plural?

Algunos sustantivos se usan únicamente en plural:

▶ **Nombres abstractos con forma plural pero con significado singular.** Generalmente, terminan en *-as* y son derivados de verbos:

tragaderas	posaderas	albricias	analectas

▶ **Nombres concretos con significado en cierto sentido plural:** son los denominados *pluralia tantum*.

víveres	bártulos	exequias	finanzas

119 ¿Qué nombres emplean siempre el singular?

Los denominados *singularia tantum* se usan siempre en singular (aunque algunos de ellos pueden tener también una forma en plural). Principalmente, se trata de sustantivos que designan:

▶ **Entes únicos:** *cénit, Norte,* etc.

▶ **Virtudes o actitudes:** *caridad, fe, honestidad,* etc.

▶ **Ideologías:** *socialismo, liberalismo,* etc.

También forman parte de este grupo algunos nombres no contables: *sed, salud, grima,* etc.

LOS VALORES DEL PLURAL

120
¿Qué valores posee el plural del nombre en español?

Los principales valores que puede tener el plural en español son:

▶ **Oposición de «uno» frente a «más de uno».** Es el valor más frecuente del plural. Solo tiene este valor el plural de sustantivos contables: *coche, libro,* etc.

▶ **El singular y el plural tienen el mismo significado.** Son los llamados plurales no informativos: *tijera(s).*

▶ **El singular y el plural tienen sentidos distintos no relacionados:** Son los llamados plurales homónimos: *esposa(s).*

▶ **El plural posee únicamente una de las lecturas del singular:** *injusticia.* (Ver epígrafe **123** ¿Cambian de significado los nombres no contables que tienen plural?)

121
¿Qué son los llamados plurales no informativos?

En los plurales no informativos, el significado del plural es el mismo o muy próximo que el de la forma singular:

▶ **En los sustantivos que denotan objetos complejos**, formados por dos partes idénticas o simétricas, tanto el singular como el plural pueden denotar un único objeto:

    gafa(s)   pantalón(es)   tenaza(s)   calzoncillo(s)

▶ **En ciertos sustantivos, el plural indica mayor intensidad**, o tiene simplemente un valor estilístico:

    escalera(s)   tripa(s)   sudor(es)   fatiga(s)

122
¿Qué son los llamados plurales homónimos?

En los plurales homónimos, la forma plural tiene dos sentidos. En primer lugar, el de 'más de un objeto' de los que el sustantivo designa en singular; en segundo, posee un sentido propio, distinto y solo vagamente relacionado con el del singular:

    esposa ('mujer'), *esposas* ('mujeres', 'instrumento para esposar)
    (la) Corte (de un rey), *(las) Cortes* (de un rey, 'organismo')

¿Cambian de significado los nombres no contables que tienen plural?

En ocasiones, algunos sustantivos tienen dos significados en singular, uno como nombre contable y otro como nombre no contable. En estos casos, el plural solo tiene el significado de nombre contable.

> *Injusticia* puede ser en singular bien un sustantivo contable que designa una acción (*ha cometido una injusticia*), bien un sustantivo no contable que designa un concepto (*en sus obras reflexionaba sobre la injusticia social*); en cambio, en plural tiene únicamente la primera de estas interpretaciones.

 En este tipo de sustantivos, la distinción entre contable y no contable en singular suele depender de la presencia del artículo definido o el indefinido: *el café* (no contable) / *un café* (contable), en referencia a la bebida.

Los significados que tienen estos sustantivos como nombres no contables (singular) y como nombres contables (singular y plural) son los siguientes:

SOLO EN SINGULAR	EN SINGULAR Y EN PLURAL	EJEMPLOS
sustancia o materia [sustantivo no contable]	objetos, medidas, porciones o clases [sustantivo contable]	tiza / tizas café / cafés madera / madera
cualidad o atributo [sustantivo no contable]	personas que poseen dicha cualidad o atributo [sustantivo contable]	belleza / bellezas amistad / amistades autoridad / autoridades
concepto [sustantivo no contable]	acciones o hechos concretos [sustantivo contable]	locura / locuras interés / intereses injusticia / injusticias

LA FORMACIÓN DEL PLURAL DE LOS NOMBRES

¿Cómo se forma el plural de los nombres? `124`

En español, el singular es la forma no marcada del sustantivo. El plural se forma añadiendo, según corresponda, las desinencias -s o -es.

EL PLURAL DE LOS NOMBRES	
añaden -s	Los sustantivos que terminan en vocal no acentuada: *casa, casas*.
	Los sustantivos que terminan en e acentuada y la mayoría de los que terminan en o acentuada: *café, cafés; rondó, rondós*.
añaden -es	Los sustantivos que terminan en consonante distinta de s: *atril, atriles; pared, paredes*.
	Muchos de los sustantivos que terminan en vocal acentuada distinta de e, o: *esquí, esquíes*.
	Los sustantivos que terminan en vocal acentuada seguida de s: *compás, compases; país, países; autobús, autobuses*.
sin flexión de número	Los sustantivos terminados en vocal átona seguida de s: *atlas, bíceps, cosmos*.
	La distinción singular / plural se manifiesta en la concordancia: *la crisis sufrida, las crisis sufridas*.

¿Cómo se forma el plural de los nombres terminados en vocal acentuada? `125`

En los sustantivos terminados en vocal acentuada, la formación del plural presenta cierta vacilación.

▶ **Con la vocal e**, el plural se forma siempre añadiendo -s: *canapés, cafés, bebés*.

 La Real Academia considera incorrectos los plurales vulgares formados con -ses: **sofases, *ciempieses, *jerseises*.

61

► **Con la vocal** *o*, se forma el plural añadiendo *-s*, aunque hay casos de vacilación: *burós, capós;* pero *dominós* o *dominóes*.

► **Con las vocales** *a, i, u*, se vacila en muchos casos entre un plural en *-es*, de carácter más culto, o en *-s*, más coloquial: *as* o *aes, maniquís* o *maniquíes, tabús* o *tabúes*. Las palabras de uso muy frecuente admiten solo el plural en *-s*: *papás, sofás*.

► **El plural del nombre de las letras** también la presenta, entre una solución culta *(aes, íes, oes, úes)* y una solución popular *(as, es, is, os, us)*; esta última es la única posibilidad para *e*.

 ¿Cómo se forma el plural de los compuestos y de las locuciones nominales?

La formación del plural de los nombres compuestos y de las locuciones nominales depende del grado de cohesión de sus componentes. La desinencia la puede tomar:

► **El primer elemento:**

• En las locuciones nominales, cuando el segundo componente está semánticamente subordinado al primero: *ciudades dormitorio, decretos ley, hombres rana*.

• En los pronombres *quienquiera* y *cualquiera: quienesquiera* y *cualesquiera*.

► **Ambos elementos a la vez,** cuando el segundo elemento tiene interpretación sustantiva (no adjetiva) o cuando no hay cohesión completa entre ambos elementos: *tejesmanejes, mediascañas*.

► **El segundo elemento:**

• En los compuestos por dos nombres, cuando la cohesión es completa: *carricoches, nocheviejas, bocacalles*.

• En los compuestos que no responden al esquema *nombre-nombre: altisonantes, salvoconductos, pelirrojos*.

En algunos casos, se vacila entre una u otra solución: *guardiaciviles, guardias civiles; hombres rana, hombres ranas*.

 ¿Cómo se forma el plural de los nombres propios?

Los nombres propios añaden la marca de plural cuando tienen un uso genérico *(los Borbones, los Garcías)* o se usan como nombre común *(los goyas, los óscars, los picassos)*, pero no cuando se refieren a una familia *(los García, los Padilla)*.

No forman nunca plural:

▶ los patronímicos terminados en vocal acentuada seguida de *s*: *Sanchís, Valdés*;

▶ los patronímicos terminados en vocal acentuada seguida de *n* (con algunas excepciones): *Gallardón* (pero *Borbones*);

▶ los patronímicos terminados en vocal átona seguida de *z*: *Sánchez, López*;

▶ los préstamos con terminaciones no castellanas o escasamente adaptados: *Nixon, Bach, Bécquer*.

¿Cómo se forma el plural de las siglas? **128**

Según la Real Academia, las siglas expresan el plural solo por medio del artículo *(las ONG)*, salvo en el caso de siglas lexicalizadas, que admiten desinencia de plural *(las pymes, los penenes, los ovnis)*. Sin embargo, en el uso se tiende a crear también el plural de otras siglas, aunque hay cierta vacilación:

▶ Suelen formar plural las siglas que acaban en vocal, ya sea gráfica *(APA, ISO)* o en su pronunciación *(ONG,* pronunciado *'o-ene-gé'; ISN,* pronunciado *'i-ese-ene')*.

▶ Son extraños los plurales de las siglas terminadas en consonante *(MIR, CD-ROM)*, aunque a veces se crean en la lengua oral.

¿Cómo se forma el plural de los préstamos de otras lenguas? **129**

El plural de los préstamos de otras lenguas depende de su grado de adaptación y del hecho de que tengan una terminación existente en castellano.

▶ En ocasiones, especialmente en términos tomados recientemente del inglés, se conserva el plural de la lengua originaria:

campings	blocs	clips	tickets

► En otros casos, la forma plural de la lengua extranjera coexiste con una forma plural que sigue las reglas generales del español:

clubs (plural habitual)
clubes (plural normativo)

 En los préstamos que acaban en *y*, la Real Academia considera incorrecto el plural que añade *-s* a la forma extranjera: **ladys*. Para ellos, propone adaptar la grafía al español sustituyendo la *y* final por *i*: *ladis*.

► Algunas veces, se suprime la consonante final para evitar una terminación extraña en el idioma:

lord, lores   carné, carnés   cinc, cines

► En los latinismos, se suele optar bien por usar el sustantivo como invariable *(ultimátum, déficit)*, bien por usar el plural latino *(corpus, corpora; curriculum, curricula)* o bien por adaptar el vocablo a la fonología del español *(currículo, currículos)*.

El adjetivo 130

Los **adjetivos** constituyen una clase de palabras caracterizada por poder ser núcleo de un sintagma que prototípicamente desempeña la función de complemento del nombre (persona **cansada**), de atributo (estoy **cansada**) o de complemento predicativo (llegó **cansada**).

¿Cambia de forma el adjetivo? 131

Los adjetivos suelen tener flexión de género y flexión de número: *alto, alta, altos, altas*. Sin embargo, no tienen ni número ni género intrínsecos, sino que los adquieren por concordancia con el nombre al cual complementan. Algunos adjetivos también admiten variación de grado: *alto, altísimo*.

Tipos de adjetivos 132

Las clasificaciones tradicionales del adjetivo atienden al tipo de nociones que denotan. Según ello, se distinguen «adjetivos de color» *(blanco, azul, negro...)*, «adjetivos de dimensión» *(grande, pequeño, inmenso...)*, «adjetivos de actitud» *(sincero, honesto, tacaño...)*, etc. En la actualidad, sin embargo, se prefiere una clasificación de los adjetivos que, partiendo de nociones semánticas, atiende a las propiedades sintácticas de cada clase. Según ello, se distinguen:

▶ **Los adjetivos calificativos,** que denotan una propiedad constitutiva del nombre que se manifiesta en una única propiedad física (el color, la forma, la disposición, etc.):

azul	delgado	simpático
grande	sincero	sencillo

▶ **Los adjetivos relacionales,** que indican un conjunto de propiedades que el nombre adquiere en relación con algo externo a él. Se suelen glosar por medio de un sintagma preposicional:

francés (de Francia)   campestre (del campo)
constitucional (de la Constitución)   teórico (de la teoría)

▶ **Los adjetivos modales,** que indican la modalidad oracional *(probable, posible...)*, o matizan el modo como debe interpretarse el nombre *(mero, presunto, supuesto...)*.

133 ¿Cómo son los adjetivos calificativos?

Los adjetivos calificativos denotan una cualidad constitutiva del nombre que se manifiesta en una única propiedad. Tienen las siguientes características sintácticas:

► **Pueden ser atributo de una oración copulativa:**

una casa grande → esta casa es grande
un coche potente → este coche es potente

► **Pueden ser modificados por adverbios de grado:**

una casa (muy) grande, un coche (muy) potente

► **Pueden formar parte de estructuras comparativas:**

esta casa es más grande que la mía
este coche es más potente que el otro

► **Por lo general, pueden aparecer antepuestos o pospuestos al nombre;** aunque el cambio de orden suele ir asociado con un cambio de significado:

una gran casa, una casa grande
un coche potente, un potente coche

134 ¿Cuándo van antepuestos, o pospuestos, los adjetivos calificativos?

La mayoría de adjetivos calificativos pueden ir antepuestos o pospuestos al nombre al cual modifican. El orden del adjetivo suele estar asociado con un cambio de significado:

► **Cuando va detrás del nombre,** el adjetivo define un subconjunto dentro del conjunto de elementos que designa el nombre; recibe el nombre de **adjetivo especificativo.**

En *los coches amarillos,* el adjetivo *amarillos* especifica un subconjunto dentro del conjunto de los coches (los coches *amarillos* se oponen a los coches de otros colores).

► **Cuando precede al nombre,** el adjetivo aporta información adicional sobre él, pero no define un subconjunto; recibe el nombre de **adjetivo explicativo.**

El adjetivo *delicioso* en *los deliciosos pasteles que prepara Sandra* indica una cualidad que poseen todos los pasteles que prepara Sandra (son deliciosos), pero no define un subconjunto dentro del conjunto de pasteles que prepara Sandra.

¿Hay adjetivos que cambien de significado según vayan antepuestos o pospuestos? 135

Algunos adjetivos calificativos tienen un significado distinto en función de si preceden al nombre al que modifican o lo siguen:

	ANTEPUESTO	POSPUESTO
buen(o)	'gran': *un buen amigo*	'bondadoso': *un amigo bueno*
gran(de)	'importante': *un gran hombre*	'de gran tamaño': *un hombre grande*
nuevo	'otro, reciente': *un nuevo libro*	'no viejo': *un libro nuevo*
pobre	'desgraciado': *un pobre hombre*	'sin dinero': *un hombre pobre*
verdadero	'grande': *una verdadera alegría*	'cierta': *una alegría verdadera*

¿Cómo son los adjetivos relacionales? 136

Los adjetivos relacionales no denotan una propiedad única sino un conjunto de propiedades. En general, se trata de adjetivos derivados de un sustantivo, e indican algún tipo de relación con el concepto que denota el sustantivo del cual derivan:

> vino *francés*: 'vino de Francia'
> ley *constitucional*: 'ley conforme a la Constitución'
> vista *aérea*: 'vista desde el aire'
> *tránsito aéreo*: 'tránsito por el aire'

Tienen las siguientes características:

▶ **En general, no pueden ser atributo de una oración copulativa:**

> un libro *médico* → *este libro es médico

▶ **No suelen admitir modificación de grado;** es decir, no pueden ir precedidos de adverbios como *muy, fuertemente, altamente*, etc., ni admiten grado superlativo:

un tránsito aéreo → *un tránsito *muy* aéreo, *un tránsito *aerísimo*.

▶ **No pueden formar parte de estructuras comparativas:**

un libro médico → *este libro es *más médico que* el otro

▶ **No suelen admitir la anteposición al nombre:**

el vino *francés* → *el *francés* vino

137 ¿Cómo son los adjetivos modales?

Los adjetivos modales constituyen una clase de adjetivos poco numerosa. Incluye:

▶ **Adjetivos que indican nociones relacionadas con la modalidad oracional,** como *posible, probable, necesario,* etc.

▶ **Adjetivos que indican el modo como el concepto denotado por el nombre se aplica al objeto que este designa:**

Un presunto asesino indica que la persona a la que se refiere el nombre es solo presuntamente un asesino.

▶ **Adjetivos que indican frecuencia temporal:**

En *las frecuentes interrupciones,* el adjetivo *frecuentes* indica que las interrupciones se producen de forma repetida.

Los adjetivos modales suelen ir antepuestos al sustantivo que modifican.

LA FLEXIÓN DEL ADJETIVO

138 ¿Los adjetivos son palabras variables o invariables?

Generalmente, los adjetivos admiten afijos flexivos de género y número, aunque no tienen género ni número intrínsecos, sino que los adquieren por concordancia con el sustantivo al que modifican. Además, los adjetivos calificativos suelen admitir expresión de grado. El grado se puede expresar con recursos sintácticos (por ejemplo, el grado superlativo se indica con el adverbio *muy*: *muy alto*), pero el grado superlativo se expresa también mediante un sufijo: *altísimo*.

¿Cómo se forma el masculino y el femenino de los adjetivos?

139

No todos los adjetivos tienen el mismo comportamiento en relación con la flexión de género. Se pueden establecer, atendiendo a ello, dos clases de adjetivos.

▶ **Los adjetivos de dos terminaciones** tienen una para el masculino y otra distinta para el femenino:

MASCULINO	FEMENINO	EJEMPLOS
-o	-a	Adjetivos terminados en -o: duro, dura; bonito, bonita.
Ø	-a	Adjetivos que acaban en -dor, -tor, -ser, -on, -an e -in (salvo ruin) y los gentilicios: holgazán, holgazana; francés, francesa.
-e	-a	Algunos adjetivos terminados en -e (generalmente derivados con el sufijo apreciativo -ote): grandote, grandota; feote, feota.

▶ **Los adjetivos de una terminación** tienen la misma forma para ambos géneros:

una canción triste, un final triste   un árbol verde, una planta verde

Son adjetivos de una sola terminación:

- los **comparativos**: *mayor, menor*;
- los **terminados en consonante**: *principal, capaz, genial*;
- los **terminados en las vocales** -a e -i: *suicida, cursi*;
- la **mayoría de los que terminan en** -e: *amable*.

¿Cómo se expresa el plural de los adjetivos?

140

El plural se marca con los mismos morfemas flexivos que usan los sustantivos, -s y -es, y las reglas que determinan el uso de uno u otro son las mismas que para aquellos:

▶ El **afijo** -*s* se añade cuando la base termina en vocal átona: *breve, breves; átono, átonos.*

▶ El **afijo** -*es* se añade tras vocal tónica o tras consonante: *israelí, israelíes; ruin, ruines.*

141 ¿Hay adjetivos sin flexión de número?

Son muy pocos los adjetivos que no tienen flexión de número. Únicamente algunos que terminan en vocal átona seguida de *s*, como *isósceles*. Muchos de estos adjetivos son propios de la lengua oral, como *viejales* o *rubiales*.

EL GRADO DEL ADJETIVO

142 ¿Qué es el grado del adjetivo?

La mayoría de adjetivos calificativos tienen la posibilidad de admitir expresión de **grado;** es decir, pueden indicar la intensidad con que se posee la cualidad que denota el adjetivo. Generalmente, la expresión de grado se manifiesta con un cuantificador antepuesto al adjetivo; aunque, en ocasiones, se realiza mediante afijos o con el uso de una base distinta.

Los grados del adjetivo son tres: *positivo, comparativo* y *superlativo.*

143 ¿Hay otras categorías gramaticales que puedan expresar grado?

La posibilidad de expresar grado no es exclusiva de los adjetivos; la poseen también, por ejemplo, muchos adverbios *(muy lejos; camina más deprisa que tú)* y algunos nombres *(está a mucha altura).* Lo que es exclusivo de los adjetivos, no obstante, es la posibilidad de indicar grado mediante procedimientos morfológicos (por afijación o con el empleo de una base distinta).

144 ¿Qué es el grado positivo y cómo se expresa?

Cuando la cualidad que denota el adjetivo no está cuantificada (expresa la cualidad sin indicar grado), se dice que el adjetivo está en grado positivo.

En las siguientes construcciones el adjetivo está en grado positivo: *un proceso lento, está alegre, una chica amable.*

¿Qué es el grado comparativo y cómo se forma? `145`

El adjetivo está en grado comparativo cuando interviene en una estructura comparativa en la que se contrapone a dos realidades el grado con que la cualidad denotada por el adjetivo se aplica.

Soy más alto que tú. Soy menos alto que tú. Soy tan alto como tú.

Los tres ejemplos anteriores ilustran los tres tipos posibles de grado comparativo: *superioridad, inferioridad* e *igualdad*.

¿Cómo se expresa el grado comparativo de superioridad? `146`

El grado comparativo de superioridad se expresa anteponiendo el adverbio *más* al adjetivo; el segundo término de la comparación se introduce con *que:*

Este edificio es **más** alto **que** el otro.

> Los adjetivos *bueno, malo, grande* y *pequeño* poseen una forma que indica intrínsecamente grado comparativo de superioridad (el llamado comparativo sintético): *mejor, peor, mayor* y *menor*. La comparación de superioridad de estos adjetivos se realiza preferiblemente mediante estas formas; aunque en ocasiones, especialmente en la lengua oral, se hacen las comparaciones anteponiendo el adverbio *más* a la forma de grado positivo: *más malo, más bueno,* etc.

¿Cómo se expresa el grado comparativo de inferioridad? `147`

Para expresar el grado comparativo de inferioridad se antepone el adverbio *menos* al adjetivo; el segundo término de la comparación se introduce con *que:*

Este capítulo es **menos** interesante **que** el anterior.

¿Cómo se expresa el grado comparativo de igualdad? `148`

El grado comparativo de igualdad se expresa mediante las fórmulas *tan ... como* e *igual de ... que*:

Viena es **tan** bonita **como** Londres.
Carlos es **igual de** serio **que** su padre.

149 ¿Qué es el grado superlativo y cómo se forma?

El grado superlativo expresa el grado más elevado en la cualidad que denota el adjetivo; puede ser *absoluto* o *relativo*.

150 ¿Cómo se expresa el grado superlativo absoluto?

El grado superlativo absoluto indica el máximo grado posible. Se puede expresar anteponiendo el adverbio *muy* al adjetivo en grado positivo o añadiendo el sufijo -*ísimo*.

muy bueno, buenísimo   muy tranquila, tranquilísima

Unos pocos adjetivos forman el superlativo absoluto con el afijo -*érrimo*.

paupérrimo (de pobre)   misérrimo (de mísero)
celebérrimo (de célebre)   acérrimo (de acre)

Se trata siempre de formas muy cultas, que en ocasiones conviven con una forma del superlativo menos culta:

de *pobre* se puede formar, también, *pobrísimo*

> **!** Los adjetivos *bueno, malo, pequeño* y *grande* poseen una forma que intrínsecamente expresa el grado superlativo absoluto (el denominado superlativo sintético): *óptimo, pésimo, mínimo, máximo.* Sin embargo, resulta muy frecuente expresar este grado mediante el sufijo -*ísimo* o con el adverbio *muy*: *obtuvo unos resultados muy buenos / buenísimos.*

151 ¿Cómo se expresa el grado superlativo relativo?

Un adjetivo en grado superlativo relativo indica que el sustantivo al que modifica es, en un conjunto de realidades semejantes, el que posee la cualidad denotada por el adjetivo en un grado más elevado. Se construye con un artículo determinado *(el, la, los, las)* seguido del adverbio *más* o *menos,* que preceden al adjetivo. Además, suele aparecer un complemento, introducido con la preposición *de*, que indica el conjunto con el que se establece la comparación; aunque en ocasiones puede quedar implícito.

la más bromista de todas las hermanas
el menos rico de la familia

EL VERBO

`152`

El **verbo** es una clase de palabras que se caracteriza por poder ser núcleo del sintagma verbal, que constituye el **predicado** principal de la oración (salvo en las oraciones copulativas). Desde un punto de vista sintáctico, su naturaleza de núcleo predicativo se manifiesta en el hecho de que exige la presencia de determinados **argumentos** (sujeto y complementos), además de admitir algunos modificadores opcionales (como los circunstanciales).

¿Cambia de forma el verbo?

`153`

Desde el punto de vista formal, el verbo se caracteriza por tener una flexión propia. Por medio de esta flexión, cuyas variantes dan pie a las distintas conjugaciones, se expresan las nociones de tiempo, aspecto, modo, persona y número. El verbo es la única clase de palabras capaz de expresar estas nociones por medio de la flexión. También es la única clase de palabras que puede llevar pronombres personales átonos.

¿Qué significado tiene un verbo?

`154`

Desde un punto de vista semántico, los verbos constituyen una clase de palabras caracterizada por la posibilidad de expresar una acción, un proceso o un estado que realiza o sufre un sujeto. En este sentido, los verbos se distinguen de otras categorías gramaticales porque su significado fundamental consiste en establecer una *predicación*; es decir, encuentran su significado pleno cuando están relacionados con uno o más argumentos de los cuales *predican* una acción, un proceso o un estado.

TIPOS DE VERBOS

¿Cómo se clasifican los verbos?

`155`

La clasificación de los verbos varia en función de los criterios que se contemplen:

▶ **El criterio formal** atiende a las formas que toma el verbo en la conjugación.

▶ **El criterio morfosintáctico** toma como base de la categorización la estructura del sintagma verbal.

► El **criterio semántico** se basa en el significado.

Estos criterios no son excluyentes, sino que se pueden combinar.

156 ¿Qué tipos de verbos se pueden distinguir según un criterio formal?

El criterio formal permite clasificar los verbos según las características que presenta su conjugación. Según este criterio, los verbos se dividen en *regulares* e *irregulares*. El criterio formal también permite distinguir dos subgrupos verbales con un comportamiento flexivo característico: los *verbos defectivos* y los *unipersonales*.

► **Son verbos regulares** aquellos que en su flexión siguen el mismo paradigma que los modelos de su conjugación, sin sufrir cambios ni en la raíz ni en las desinencias.

► **Son verbos irregulares** aquellos que en alguna forma de su flexión se apartan de la conjugación de los verbos modelo. Las irregularidades pueden afectar tanto a las desinencias como a la raíz, o a ambas cosas a la vez.

► **Son verbos defectivos** (de *defecto* en el sentido de *carencia* o *falta*) aquellos que se conjugan solo en algunas personas gramaticales.

> *Abolir* no se conjuga en presente de subjuntivo, y en presente de indicativo solo se conjuga en la primera y segunda persona del plural.

► **Son verbos unipersonales** un subtipo especial de verbos defectivos que únicamente se conjugan en tercera persona. Este grupo está formado principalmente por los verbos impersonales como *nevar, llover, granizar, tronar*, etc.

157 ¿Qué son los verbos impersonales?

Se denominan impersonales los verbos que no admiten sujeto gramatical. Desde un punto de vista formal, son siempre defectivos, puesto que se conjugan solo en la tercera persona del singular (verbos unipersonales). Son impersonales:

► Los verbos que expresan fenómenos meteorológicos: *nevar, llover, relampaguear*, etc.

► Los verbos *hacer* y *ser* que aparecen en expresiones como *hace calor, es temprano*, etc.

► El verbo *haber* cuando significa *existir* (cuando no es auxiliar): *hay cuatro personas, había libros*, etc.

> Cuando no es auxiliar, el verbo *haber* es siempre impersonal. Por eso, no es correcto hacer la concordancia con el sujeto plural en tiempos del pasado y del futuro: *había niños* (no **habían niños*).

¿Qué tipos de verbos se pueden distinguir según un criterio morfosintáctico?

158

El criterio morfosintáctico se basa en la estructura del sintagma verbal, y permite establecer dos oposiciones distintas: verbos plenos frente a auxiliares y verbos copulativos frente a predicativos.

► **Los verbos plenos** tienen contenido semántico pleno. Pueden tener complementos y constituyen el núcleo semántico del predicado.

► **Los verbos auxiliares** no tienen contenido semántico, o tienen un significado muy diluido. No son el núcleo del predicado, sino que se combinan con otros verbos para formar tiempos compuestos o perífrasis verbales:

- El verbo *haber* se utiliza para formar los tiempos compuestos: *había cantado, ha cantado, habrá cantado*, etc.

- El verbo *ser* se emplea para formar la pasiva perifrástica: *fue resuelto, será conseguido*, etc.

- El verbo *estar* aparece en algunas construcciones perfectivas y presenta un significado muy próximo al de las pasivas: *estaba asustado, estás equivocado*, etc.

- Los verbos *deber* y *poder* intervienen en perífrasis verbales que indican obligación, necesidad o posibilidad: *debe de saberlo, debe venir, puede ser*, etc. También intervienen en construcciones con un significado similar los verbos *tener* y *haber*: *hay que hacerlo, tienes que hacerlo*, etc.

- Los verbos *ir, venir, andar, seguir, dejar* y otros forman perífrasis que añaden un matiz aspectual: *voy a saltar, dejó de escribir*, etc.

► **Los verbos copulativos** no poseen prácticamente contenido semántico, aunque son el núcleo sintáctico del sintagma verbal (no son pues auxiliares). Su función consiste en servir de nexo entre el sujeto y un complemento, llamado atributo, que es el predicado de la oración. Son verbos copulativos *ser, estar* y *parecer*.

► **Los verbos predicativos** tienen una fuerte carga de significado, y constituyen el núcleo semántico del predicado; son verbos en un sentido pleno: tienen complementos, son el núcleo de la oración, denotan acciones, procesos o estados, etc. La gran mayoría de verbos son predicativos.

159 ¿Qué tipos de verbos predicativos existen?

Los verbos predicativos se pueden clasificar en función de los complementos con los que se construyen. Aunque esta separación admite ciertas matizaciones, podemos diferenciar los siguientes grupos: *transitivos, intransitivos, bitransitivos* y *de régimen*.

► **Los verbos transitivos** necesitan, además del sujeto, un complemento para completar su significado: el objeto directo. En ocasiones, este complemento puede quedar implícito, pero su significado se sobrentiende. Solo los verbos transitivos admiten la construcción pasiva.

Son transitivos verbos como *tener, comer,* etc.

► **Los verbos intransitivos** no admiten ningún otro complemento además de su sujeto.

Son intransitivos verbos como *nacer, morir, estornudar* o *chirriar.*

► **Los verbos bitransitivos** necesitan un sujeto y un complemento directo para completar su significado, pero además admiten (y en muchas ocasiones reclaman) un tercer complemento que denota el destinatario o el beneficiario de la acción.

Son bitransitivos verbos como *dar, regalar* o *entregar.*

► **Los verbos de régimen** necesitan un complemento para completar su significado; este complemento va introducido por una preposición, que es distinta para cada verbo.

Son de régimen verbos como *acostumbrarse (a)* o *jactarse (de).*

Algunos verbos transitivos tienen un tercer complemento de régimen preposicional, como por ejemplo *introducir* (algo *en* algún sitio) o *llenar* (un recipiente *con* algo).

¿Qué son los verbos pronominales?   160

Algunos verbos predicativos se tienen que construir forzosamente con un pronombre reflexivo. Se denominan verbos pronominales y se distinguen dos tipos:

▶ **Los verbos pronominales forzosos** se conjugan obligatoriamente con un pronombre reflexivo. Y aunque son siempre pronominales, no tienen significado reflexivo o recíproco: *arrepentirse, atreverse, jactarse*, etc.

▶ **Los verbos pseudopronominales** se pueden construir con y sin pronombre reflexivo. Cuando se construyen con pronombre, no tienen significado reflexivo o recíproco; sin pronombre, tienen un matiz significativo algo distinto.

Se trata de verbos como *ir(se), dormir(se), comer(se)*, etc.

¿Qué tipos de verbos se pueden distinguir según un criterio semántico?   161

El criterio semántico permite clasificar los verbos según su significado. Puesto que el significado es un aspecto relativamente complejo, y el número de verbos es muy elevado, las posibles clasificaciones verbales que se pueden establecer según el significado son numerosas. La más extendida distingue las tres categorías de *verbos de estado, de acción* y *de proceso*.

▶ **Los verbos de estado expresan situaciones que se mantienen estables en el tiempo.** Se distinguen los verbos que indican características propias de los sujetos, como *ser alto* o *existir*, de los que designan estados o situaciones que no son propias de los sujetos y que, por tanto, pueden dejar de darse en un determinado momento, como *estar cansado, yacer, permanecer* o *residir*.

▶ **Los verbos de acción implican una actividad ejercida por un sujeto.** Existe siempre un agente, alguien que realiza la acción: *pasear, comer, leer*, etc. Solo los verbos de acción, cuando son transitivos, admiten la construcción pasiva.

► Los verbos de proceso implican un cambio de situación, pero no hay en ellos un sujeto que realice la actividad. Designan bien fenómenos naturales, como *hervir* o *evaporarse*, bien procesos en los que interviene un sujeto que experimenta la acción del verbo: *crecer, asustarse* o *nacer*. Son también verbos de proceso muchos de percepción física: *ver, oír, presenciar,* etc.

LA FLEXIÓN VERBAL

¿Qué estructura tiene una forma verbal?

162 El verbo está formado por una base, que aporta su contenido semántico y que generalmente se mantiene invariable en todas las formas de la conjugación, y unas desinencias, que cambian en sus distintas realizaciones y aportan las distintas nociones gramaticales. Entre las desinencias y la base aparece un morfema vacío de significado, llamado vocal temática, que varía según el paradigma o conjugación a que pertenece el verbo.

ESTRUCTURA DE LA FORMA VERBAL			
primera conjugación	cant	- a -	ste
segunda conjugación	tem	- e -	ríais
tercera conjugación	sal	- i -	mos
	base	**vocal temática**	**desinencia**

¿Qué es la vocal temática?

163 La vocal temática es un morfema vacío de significado que aparece entre la base y las desinencias de una forma verbal. En función de la vocal temática, se distinguen en español tres conjugaciones. Salvo unas pocas excepciones, los verbos pertenecientes a cada una de estas tres conjugaciones utilizan las mismas desinencias para formar los tiempos flexivos.

CONJUGACIÓN	VOCAL TEMÁTICA	EJEMPLOS
segunda conjugación	-a-	*cantar, pensar, amar, saltar, jugar...*
segunda conjugación	-e-	*temer, soler, ser, poder, tejer...*
tercera conjugación	-i-	*partir, pedir, conducir, venir...*

¿En todos los tiempos verbales aparece la vocal temática? `164`

La vocal temática aparece en todos los tiempos verbales salvo el presente de subjuntivo y la primera persona del singular del presente de indicativo y del pretérito indefinido. Además, sufre cambios en algunos tiempos de la segunda y la tercera conjugación:

▶ Cambia a -ie- en el pretérito imperfecto y en el futuro imperfecto de subjuntivo, en el gerundio y en la tercera persona del plural del pretérito indefinido.

▶ Cambia a -ía- en el pretérito imperfecto de indicativo.

▶ Es -i- en algunas formas del pretérito indefinido de la segunda conjugación.

¿Qué son las desinencias verbales? `165`

Las desinencias son unos morfemas de la flexión verbal, de los que se distinguen dos: uno que aglutina la expresión del tiempo, el aspecto y el modo, y otro que sigue a este e indica conjuntamente la persona y el número.

ESTRUCTURA DE LA FORMA VERBAL				
primera conjugación	cant -	a -	rá -	n
segunda conjugación	tem -	e -	ré -	is
tercera conjugación	part -	i -	ré -	mos
	base	vocal temática	tiempo aspecto modo	persona número

166 ¿Cuáles son las desinencias que puede tener un verbo?

▶ Desinencias de tiempo, aspecto y modo:

	INDICATIVO	SUBJUNTIVO
presente	Ø	-e- (1.ª conjugación) -a- (2.ª y 3.ª conjugación)
pasado		
• imperfecto (o copretérito)	-ba- (1.ª conjugación) -ía- (2.ª y 3.ª conjugación)	-ra- o -se-
• indefinido (o pretérito)	Ø	
futuro	-ré- y -rá- (según las personas)	-re-
condicional (o pospretérito)	-ría-	

▶ Desinencias de persona y número:

	TODOS LOS TIEMPOS (SALVO EL PRETÉRITO INDEFINIDO)		PRETÉRITO INDEFINIDO (O PRETÉRITO)	
	singular	plural	singular	plural
1.ª persona	Ø	-mos	-é (1.ª conjugación) -í (2.ª y 3.ª conjugación)	-mos
2.ª persona	-s	-is	-ste	-steis
3.ª persona	Ø	-n	-ó	-ron

Debe tenerse en cuenta que hay algunos pocos verbos irregulares que cambian las desinencias.

¿Qué son las formas personales y no personales de un verbo?

Las formas flexivas del verbo se pueden agrupar en personales y no personales, en virtud de la presencia o ausencia de las desinencias verbales:

▶ **Las formas personales poseen desinencias de persona y número, y de tiempo, aspecto y modo.** Se denominan también formas finitas. En forma personal, el verbo concuerda siempre con su sujeto en persona y número.

▶ **Las formas no personales no poseen estas desinencias.** Se llaman también formas no finitas. En estas formas, el verbo tiene características que lo asemejan a otras clases de palabras:

FORMA NO PERSONAL	FUNCIÓN	EJEMPLOS
infinitivo	forma sustantiva del verbo	*cantar, beber, vivir*
participio	forma adjetiva del verbo	*cantado, bebido, vivido*
gerundio	forma adverbial del verbo	*cantando, bebiendo, viviendo*

LAS CATEGORÍAS VERBALES

¿Qué nociones expresan las desinencias verbales?

Las denominadas categorías verbales son las nociones gramaticales expresadas por medio de la flexión verbal; se trata de la persona, el número, el tiempo, el modo y el aspecto. También es una categoría verbal la voz, aunque no se expresa mediante la flexión sino por medio de procesos morfosintácticos.

¿Qué son la persona y el número de una forma verbal?

▶ **El número** indica si el sujeto es singular (un único ser u objeto) o plural (más de un ser u objeto).

▶ **La persona**, también llamada persona gramatical, indica la relación que existe entre el sujeto y el hablante o el oyente:

PERSONA GRAMATICAL	REFERENTE	PRONOMBRE PERSONAL CORRESPONDIENTE	
primera	El hablante o un conjunto que lo incluye.	singular: plural:	*yo* *nosotros, nosotras*
segunda	El oyente (u oyentes) o un conjunto que lo incluye.	singular: plural:	*tú* *vosotros, vosotras*
tercera	Cualquier ser u objeto o conjunto de seres u objetos distinto del hablante y del oyente (u oyentes).	singular: plural:	*él, ella, ello* *ellos, ellas*

170 ¿Qué diferencias dialectales existen en la persona gramatical de los verbos?

La expresión de la persona gramatical presenta diferencias dialectales, especialmente entre el español peninsular y el americano. Estas diferencias afectan a la segunda persona (singular y plural), y se manifiestan en los pronombres personales y en la conjugación verbal. Existen cuatro sistemas distintos:

► **Sistema 1.** Se utiliza en la mayor parte de España.

	SINGULAR	PLURAL
confianza	tú	*vosotros, -as*
formalidad	usted	ustedes

► **Sistema 2.** Se emplea en gran parte de Andalucía, en las Canarias, México, Perú y en parte de Colombia y Venezuela.

	SINGULAR	PLURAL
confianza	tú	ustedes
formalidad	usted	

▶ **Sistema 3.** Es el más extendido en el español de América; se usa en Chile, Ecuador, gran parte de Colombia, Venezuela, parte de Panamá y Costa Rica, y en Uruguay.

	SINGULAR	PLURAL
confianza	vos / tú	ustedes
formalidad	usted	

▶ **Sistema 4.** Es el propio de Argentina, Costa Rica, Nicaragua, Guatemala y Paraguay, así como de parte de El Salvador y Honduras.

	SINGULAR	PLURAL
confianza	vos	ustedes
formalidad	usted	

¿Qué es el tiempo verbal? `171`

El rasgo de tiempo sitúa la acción denotada por el verbo en el devenir temporal: indica si una acción es anterior, posterior o simultánea a otro punto temporal que se toma como referencia. Según cuál sea este punto temporal que se adquiere como referencia, se distinguen los tiempos absolutos y los relativos.

> ❗ Se denomina también *tiempo* al conjunto de formas de primera, segunda y tercera persona, tanto de singular como de plural, que expresan el mismo tiempo y el mismo modo. En este sentido son tiempos verbales, por ejemplo, el presente de indicativo o el pretérito pluscuamperfecto de indicativo.

¿Qué son los tiempos verbales absolutos y relativos? `172`

En función de cuál sea el punto temporal que se toma como referencia, se distinguen los llamados *tiempos absolutos* de los denominados *tiempos relativos*.

▶ **Los tiempos verbales absolutos sitúan la acción del verbo en relación con el presente.** La acción puede entenderse como simultánea al momento del habla (presente), anterior a ese (pasado) o posterior (futuro).

▶ **Los tiempos verbales relativos sitúan la acción del verbo en relación con un punto temporal distinto del presente.** La acción verbal puede ser anterior, posterior o simultánea a este otro momento.

> En la oración *comí un guisado que había cocinado mi madre*, la acción de *cocinar* se sitúa en el tiempo en relación con otra acción, la de *comer*; es, pues, un tiempo relativo. En cambio, esta última acción (*había cocinado mi madre*) es pasada respecto al presente; constituye pues, un tiempo absoluto.

173 ¿Qué es el aspecto?

El aspecto expresa cómo es vista la acción en su transcurrir: como acción concluida o como acción en desarrollo:

▶ **Con el aspecto perfectivo** la acción se concibe como concluida; se focaliza el final de la acción.

▶ **Con el aspecto imperfectivo** la acción se concibe como acción en desarrollo.

La expresión del aspecto es independiente de la de tiempo: son posibles tanto el aspecto perfectivo como el imperfectivo en el presente, el pasado y el futuro. Los valores aspectuales de los tiempos de indicativo en español son los siguientes:

	ASPECTO IMPERFECTIVO	ASPECTO PERFECTIVO
presente	presente: *canto*	pret. perfecto: *he cantado*
pasado	pret. imperfecto: *cantaba*	pret. indefinido: *canté* pret. pluscuamperfecto: *había cantado*
futuro	fut. imperfecto: *cantaré*	pret. anterior: *hube cantado* fut. perfecto: *habré cantado*

¿Qué es el modo?

En español existen tres modos verbales: *indicativo, subjuntivo* e *imperativo.* Cuando no está condicionado gramaticalmente, la utilización de uno u otro modo depende fundamentalmente de la actitud del hablante frente a lo dicho.

¿Cuándo se utiliza el modo indicativo?

El indicativo se utiliza para expresar realidades objetivas. Es el modo habitual de las oraciones independientes, aunque puede aparecer también en oraciones subordinadas.

¿Cuándo se utiliza el modo subjuntivo?

El subjuntivo se usa para expresar realidades que no se pueden verificar objetivamente, así como hipótesis, deseos o dudas. No suele aparecer en oraciones independientes, salvo en oraciones exclamativas en las que se expresan deseos o en oraciones negativas de mandato:

¡Ojalá **haga** sol mañana!   No **hables.**

¿De qué depende la alternancia entre indicativo y subjuntivo?

▶ **La aparición del indicativo o del subjuntivo puede estar condicionada por la estructura oracional.**

Las oraciones subordinadas de algunos verbos que expresan deseo o preferencia se construyen siempre con subjuntivo *(espero que **sea cierto**)*; en cambio, las oraciones subordinadas de algunos verbos que expresan creencia o percepción física requieren indicativo *(creo que **lloverá**),* pero sus negaciones se construyen con subjuntivo *(no creo que **llueva**).*

▶ **La diferencia entre indicativo o subjuntivo puede depender de si lo que se expresa es objetivo o verificable por el hablante.**

Indicativo: *Tengo un piso que da a la calle.*
Subjuntivo: Busco un piso que *dé a la calle.*

¿Cuándo se utiliza el modo imperativo?

El imperativo se emplea para expresar órdenes o mandatos: *Por favor, **abre** la puerta.*

179 ¿El modo imperativo existe en todas las personas y tiempos?

El imperativo es un modo que únicamente se conjuga en presente. Además, solo existe en la segunda persona (singular y plural); para la tercera persona y para la primera persona del plural se usan las formas del presente de subjuntivo:

	SINGULAR	PLURAL
formas propias del imperativo		
segunda persona	*canta, bebe, parte*	*cantad, bebed, partid*
formas de subjuntivo usadas como imperativo		
primera persona	Ø	*cantemos, bebamos, partamos*
tercera persona	*cante, beba, parta*	*canten, beban, partan*

180 ¿Qué entendemos por la voz del verbo?

La voz opone las llamadas oraciones activas a las oraciones pasivas. Se trata de una categoría verbal que, a diferencia de las otras, no se expresa mediante una desinencia flexiva, sino por medio de la construcción sintáctica. La voz atiende a la relación que se establece entre la estructura sintáctica y el significado de los complementos del verbo. Esto es, depende de cuál es el papel semántico del sujeto oracional: *agente* (quien desempeña la acción verbal), o *paciente* o *tema* (la persona o cosa sobre la que recae dicha acción).

181 ¿Qué es la voz activa?

En la voz activa el sujeto sintáctico es el agente de la acción, y el complemento que expresa el paciente o tema desempeña la función de objeto directo:

<u>Mi hermano</u>   compró   <u>esa casa.</u>
sujeto = agente   V   OD = tema

¿Qué es la voz pasiva? 182

En la voz pasiva el complemento que expresa el paciente o tema de la acción ejerce la función de sujeto oracional. El agente puede bien no mencionarse, bien aparecer como un complemento introducido por la preposición *por* (complemento agente):

Esa casa	fue comprada	por mi hermano.
sujeto = tema	V	comp. agente

¿Cómo se construye la pasiva en español? 183

▶ **La pasiva con ser (o pasiva perifrástica)** se forma con el verbo *ser*, conjugado en el tiempo correspondiente, seguido del participio del verbo principal:

activa: Los estudiantes plantearon el problema.
pasiva: El problema *fue planteado* por los estudiantes.

▶ **La pasiva refleja (o pasiva pronominal)** se forma con el pronombre *se* seguido del verbo conjugado. No admite nunca complemento agente:

activa: Ellos plantearon el problema.
pasiva: El problema *se planteó*.

LAS CONJUGACIONES

¿Qué es la conjugación de un verbo? 184

El conjunto de formas que puede tomar un verbo recibe el nombre de conjugación. La conjugación de un verbo comprende las formas correspondientes a todos los tiempos, con sus variaciones de persona y número.

¿Qué son la primera, la segunda y la tercera conjugación? 185

Las desinencias que añaden los verbos para formar los distintos tiempos son diferentes en función de cuál sea su vocal temática. Según esto, en español se distinguen tres conjugaciones:

▶ **Primera conjugación:** verbos con vocal temática -*a*-.

▶ **Segunda conjugación:** verbos con vocal temática -*e*-.

► **Tercera conjugación:** verbos con vocal temática -*i*-.

Los verbos de la segunda y la tercera conjugación comparten las desinencias en la mayoría de los tiempos. Solo presentan diferencias en la segunda persona del plural del presente de indicativo y del imperativo, y tienen distinta vocal temática en el futuro imperfecto de indicativo, en el condicional simple, en el infinitivo y en el participio.

186 **¿En qué se diferencian un verbo regular y un verbo irregular?**

La distinción entre los verbos regulares e irregulares atiende al modo como se forman los tiempos de la conjugación:

► **Los verbos regulares** utilizan sin alteración alguna las mismas desinencias que los verbos que se toman como modelo de la conjugación y, además, no sufren variaciones en la base en ninguna de sus formas.

► **Los verbos irregulares** forman alguno de los tiempos con desinencias distintas a las de los verbos modelo o sufren variaciones en la base, o ambas cosas a la vez.

187 **¿Cuál es la diferencia entre los tiempos simples y los tiempos compuestos?**

► **Los tiempos simples se conjugan añadiendo las desinencias a la base.** Están formados, pues, por una única forma.

► **Los tiempos compuestos se construyen con el auxiliar haber.** Están formados, así pues, por dos formas: el verbo *haber*, en forma personal, seguido por el participio del verbo que se conjuga (en la forma fija de masculino singular).

La conjugación regular

188 **¿Cómo se forman los tiempos simples de un verbo regular?**

Los verbos regulares utilizan las siguientes desinencias para formar los tiempos simples.

INDICATIVO			
	primera conjugación	**segunda conjugación**	**tercera conjugación**
presente	cant o	beb o	viv o
	cant a s	beb e s	viv e s
	cant a Ø	beb e Ø	viv e Ø
	cant a mos	beb e mos	viv i mos
	cant á is	beb é is	viv Ø ís
	cant a n	beb e n	viv e n
pretérito imperfecto (o copretérito)	cant a ba Ø	beb ía Ø	viv ía Ø
	cant a ba s	beb ía s	viv ía s
	cant a ba Ø	beb ía Ø	viv ía Ø
	cant á ba mos	beb ía mos	viv ía mos
	cant a ba is	beb ía is	viv ía is
	cant a ba n	beb ía n	viv ía n
pretérito indefinido (o pretérito)	cant Ø é	beb Ø í	viv Ø í
	cant a ste	beb i ste	viv i ste
	cant Ø ó	beb i ó	viv i ó
	cant a mos	beb i mos	viv i mos
	cant a steis	beb i steis	viv i steis
	cant a ron	beb ie ron	viv ie ron
futuro imperfecto (o futuro)	cant a ré Ø	beb e ré Ø	viv i ré Ø
	cant a rá s	beb e rá s	viv i rá s
	cant a rá Ø	beb e rá Ø	viv i rá Ø
	cant a re mos	beb e re mos	viv i re mos
	cant a ré is	beb e ré is	viv i ré is
	cant a rá n	beb e rá n	viv i rá n
condicional simple (o pospretérito)	cant a ría Ø	beb e ría Ø	viv i ría Ø
	cant a ría s	beb e ría s	viv i ría s
	cant a ría Ø	beb e ría Ø	viv i ría Ø
	cant a ría mos	beb e ría mos	viv i ría mos
	cant a ría is	beb e ría is	viv i ría is
	cant a ría n	beb e ría n	viv i ría n

SUBJUNTIVO

presente	primera conjugación	segunda conjugación	tercera conjugación
	cant e Ø	beb a Ø	viv a Ø
	cant e s	beb a s	viv a s
	cant e Ø	beb a Ø	viv a Ø
	cant e mos	beb a mos	viv a mos
	cant é is	beb á is	viv á is
	cant e n	beb a n	viv a n
pretérito imperfecto (o pretérito)	cant a ra/se Ø	beb ie ra/se Ø	viv ie ra/se Ø
	cant a ra/se s	beb ie ra/se s	viv ie ra/se s
	cant a ra/se Ø	beb ie ra/se Ø	viv ie ra/se Ø
	cant á ra/se mos	beb ié ra/se mos	viv ié ra/se mos
	cant a ra/se is	beb ie ra/se is	viv ie ra/se is
	canta ra/se n	bebie ra/se n	viv ie ra/se n
futuro imperfecto (o futuro)	cant a re Ø	beb ie re Ø	viv ie re Ø
	cant a re s	beb ie re s	viv ie re s
	cant a re Ø	beb ie re Ø	viv ie re Ø
	cant á re mos	beb ié re mos	viv ié re mos
	cant a re is	beb ie re is	viv ie re is
	cant a re n	beb ie re n	viv ie re n

IMPERATIVO

	primera conjugación	segunda conjugación	tercera conjugación
	cant a Ø	beb e Ø	viv e Ø
	cant a d	beb e d	viv i d

FORMAS NO PERSONALES

	primera conjugación	segunda conjugación	tercera conjugación
Infinitivo	cant a r	beb e r	viv i r
Participio	cant a d o/a/os/as	beb i d o/a/os/as	viv i d o/a/os/as
Gerundio	cant a ndo	beb ie ndo	viv ie ndo

¿Cómo se forman los tiempos compuestos de un verbo regular?

Los tiempos compuestos se forman con el auxiliar *haber*, conjugado en el correspondiente tiempo simple, seguido del participio del verbo en la forma de masculino singular.

INDICATIVO		
primera conjugación	**segunda conjugación**	**tercera conjugación**

pretérito perfecto (o antepresente)

he cantado	he bebido	he vivido
has cantado	has bebido	has vivido
ha cantado	ha bebido	ha vivido
hemos cantado	hemos bebido	hemos vivido
habéis cantado	habéis bebido	habéis vivido
han cantado	han bebido	han vivido

pret. pluscuamperfecto (o antecopretérito)

había cantado	había bebido	había vivido
habías cantado	habías bebido	habías vivido
había cantado	había bebido	había vivido
habíamos cantado	habíamos bebido	habíamos vivido
habíais cantado	habíais bebido	habíais vivido
habían cantado	habían bebido	habían vivido

pretérito anterior (o antepretérito)

hube cantado	hube bebido	hube vivido
hubiste cantado	hubiste bebido	hubiste vivido
hubo cantado	hubo bebido	hubo vivido
hubimos cantado	hubimos bebido	hubimos vivido
hubisteis cantado	hubisteis bebido	hubisteis vivido
hubieron cantado	hubieron bebido	hubieron vivido

futuro perfecto (o antefuturo)

habré cantado	habré bebido	habré vivido
habrás cantado	habrás bebido	habrás vivido
habrá cantado	habrá bebido	habrá vivido
habremos cantado	habremos bebido	habremos vivido
habréis cantado	habréis bebido	habréis vivido
habrán cantado	habrán bebido	habrán vivido

INDICATIVO		
primera conjugación	**segunda conjugación**	**tercera conjugación**
habría cantado	habría bebido	habría vivido
habrías cantado	habrías bebido	habrías vivido
habría cantado	habría bebido	habría vivido
habríamos cantado	habríamos bebido	habríamos vivido
habríais cantado	habríais bebido	habríais vivido
habrían cantado	habrían bebido	habrían vivido

condicional compuesto (o antepospretérito)

SUBJUNTIVO		
Primera conjugación	**Segunda conjugación**	**Tercera conjugación**
haya cantado	haya bebido	haya vivido
hayas cantado	hayas bebido	hayas vivido
haya cantado	haya bebido	haya vivido
hayamos cantado	hayamos bebido	hayamos vivido
hayáis cantado	hayáis bebido	hayáis vivido
hayan cantado	hayan bebido	hayan vivido

Pretérito perfecto (o antepresente)

hubiera cantado	hubiera bebido	hubiera vivido
hubieras cantado	hubieras bebido	hubieras vivido
hubiera cantado	hubiera bebido	hubiera vivido
hubiéramos cantado	hubiéramos bebido	hubiéramos vivido
hubierais cantado	hubierais bebido	hubierais vivido
hubieran cantado	hubieran bebido	hubieran vivido

Pret. pluscuamperfecto (o antepretérito)

hubiere cantado	hubiere bebido	hubiere vivido
hubieres cantado	hubieres bebido	hubieres vivido
hubiere cantado	hubiere bebido	hubiere vivido
hubiéremos cantado	hubiéremos bebido	hubiéremos vivido
hubiereis cantado	hubiereis bebido	hubiereis vivido
hubieren cantado	hubieren bebido	hubieren vivido

Futuro perfecto (o antefuturo)

FORMAS NO PERSONALES			
	primera conjugación	**segunda conjugación**	**tercera conjugación**
infinitivo compuesto	haber amado	haber bebido	haber vivido
gerundio compuesto	habiendo amado	habiendo bebido	habiendo vivido

LA CONJUGACIÓN IRREGULAR

¿Qué tipos de verbos irregulares existen?

190

En español la mayoría de verbos se conjuga siguiendo el modelo de los verbos regulares; sin embargo, existe un elevado número de verbos que presentan alguna irregularidad en su flexión. Las irregularidades pueden afectar a la base o a las desinencias. Otros presentan, además, irregularidades especiales.

¿Qué irregularidades pueden afectar a la base?

191

Las irregularidades que afectan a la base, que son las más frecuentes, pueden ser ortográficas o fonéticas.

▶ **Las irregularidades ortográficas afectan solo a la representación escrita de la palabra.** No se trata, pues, de irregularidades en sentido estricto, puesto que los verbos que las presentan se conjugan siguiendo los modelos regulares. Pero, sin embargo, en la grafía se producen algunas alteraciones para representar el mismo sonido en todos los tiempos.

▶ **Las irregularidades fonéticas afectan al modo como se pronuncia la forma flexiva.**

¿Cuáles son las principales irregularidades ortográficas?

192

Los principales cambios ortográficos que se observan en la conjugación española son los siguientes:

PRIMERA CONJUGACIÓN

cambio que se produce	verbos terminados en	ejemplos
Delante de e:		
c cambia a qu	-car	tocar > toque
g cambia a gu	-gar	pegar > pegue
z cambia a c	-zar	gozar > goce

SEGUNDA CONJUGACIÓN

cambio que se produce	verbos terminados en	ejemplos
Delante de a, o:		
c cambia a z	-cer	mecer > meza
g cambia a j	-ger	coger > coja

TERCERA CONJUGACIÓN

cambio que se produce	verbos terminados en	ejemplos
Delante de a, o:		
c cambia a z	-cir	zurcir > zurza
g cambia a j	-gir	regir > rija
gu cambia a g	-guir	conseguir > consiga
qu cambia a c	-quir	delinquir > delinca

193 ¿Cuáles son las principales irregularidades fonéticas?

Las irregularidades fonéticas del español pueden afectar tanto a las consonantes como a las vocales:

CAMBIOS VOCÁLICOS

diptongación	cambio	ejemplos
Algunas vocales pasan a ser diptongos en sílaba tónica. Afecta al presente de indicativo y de subjuntivo y al imperativo.	e > ie	regar > riego; venir > viene
	i > ie	inquirir > inquiero
	o > ue	poder > puedo; colar > cuelo
	u > ue	jugar > juego

CAMBIOS VOCÁLICOS

debilitación
Algunas vocales cambian por otras de timbre más cerrado. Afecta a algunas formas del pretérito indefinido de indicativo, al gerundio y al pretérito imperfecto y el futuro de subjuntivo.

cambio
$o > u$
$e > i$

ejemplos
m**o**rir > m**u**rió;
p**o**der > p**u**do
s**e**ntir > s**i**ntió;
m**e**dir > m**i**dió

---

pérdida de la vocal temática
Afecta al futuro y al condicional de unos pocos verbos de la segunda conjugación.

cambio
$e > \emptyset$

ejemplos
cab**e**r > cab(e)ré, cab(e)ría
sab**e**r > sab(e)ré, sab(e)ría

---

pérdida de vocal final
Afecta a algunos imperativos.

cambio
$e > \emptyset$

ejemplos
hacer > haz(e)
salir > sal(e)

---

sustitución de fonemas vocálicos
Se produce en verbos que tienen, además, otras irregularidades. Fundamentalmente, en el pretérito indefinido.

cambio
$a > u$

ejemplos
s**a**ber > s**u**po
c**a**ber > c**u**po

CAMBIOS CONSONÁNTICOS

adición de fonemas consonánticos
Se da en verbos que generalmente experimentan otros cambios fonéticos.

cambio
$\emptyset > g$
$\emptyset > ig$
$\emptyset > c$

$\emptyset > d$

ejemplos
salir > sal**g**o; valer > val**g**o
caer > cai**g**o; traer > trai**g**o
nacer > naz**c**o; parecer > parez**c**o
(con cambio gráfico de z por c)
salir > sal**d**ré; venir > ven**d**ré
(con pérdida de vocal temática)

CAMBIOS CONSONÁNTICOS		
sustitución de fonemas consonánticos	**cambio**	**ejemplos**
Se produce, generalmente, en verbos con otras irregularidades.	z > j	deducir > dedujo traducir > tradujo
	z > g	hacer > haga
	b > p	saber > sepa; caber > quepo
consonantización	**cambio**	**ejemplos**
Algunos verbos de la tercera conjugación cambian la vocal i por la consonante y.	i > y	huir > huyo recluir > recluye

194 ¿Qué irregularidades pueden afectar a las desinencias?

Las irregularidades en las desinencias afectan a muy pocos verbos, que tienen además otras irregularidades. Consisten en añadir el sonido y:

▶ **En la primera persona del singular del presente de indicativo** de ser, dar, ir y estar: soy, doy, voy, estoy.

▶ **En la tercera persona del singular del presente de indicativo** de haber en su uso impersonal: hay.

195 ¿Qué irregularidades especiales existen?

Las irregularidades especiales son variaciones asistemáticas que afectan a un número reducido de verbos. Las principales son las alternancias en la base, los pretéritos fuertes, las variaciones acentuales y los participios irregulares.

196 ¿Qué verbos presentan alternancias en la base?

Las alternancias en la base afectan a los verbos ser e ir, que poseen varias bases que alternan en los distintos tiempos de la conjugación:

    ser: se(ré), er(a), fu(imos)
    ir: i(ba), v(as), fu(imos)

¿Qué son los llamados pretéritos fuertes? 197

En las formas del pretérito indefinido de los verbos regulares, la sílaba tónica se halla en la desinencia (*corrió, comió*, etc.); pero hay algunos verbos irregulares que en este tiempo tienen la sílaba tónica en la base. Se trata de verbos que poseen una base ligeramente distinta para este tiempo verbal; de modo que, además del cambio de sílaba tónica, se producen cambios fonéticos que afectan tanto a las consonantes como a las vocales:

traer > traje   caber > cupo   andar > anduvo

Estas formas irregulares del pretérito indefinido con la sílaba tónica en la base se denominan pretéritos fuertes.

¿Qué verbos presentan variaciones acentuales? 198

Los verbos que terminan en *-iar* o en *-uar* presentan en ocasiones variaciones acentuales en algunos tiempos. Estas variaciones afectan a algunas formas del presente de indicativo, del presente de subjuntivo y del imperativo, en las que se produce un contacto de vocales que puede resolverse bien en hiato, bien en diptongo.

▶ Cuando se produce un hiato, la acentuación es irregular: el acento recae sobre la vocal cerrada (*i, u*):

liar: lío, líe, etc.   *acentuar: acentúo, acentúe*, etc.

▶ Cuando se produce diptongo, la acentuación es regular: los verbos acentúan entonces la vocal anterior a la temática:

pronunciar: pronuncio, pronuncie, etc.
averiguar: averiguo, averigüe, etc.

¿Qué verbos pueden tener un participio irregular? 199

En muchos verbos, el participio no se forma de modo regular. Este tipo de irregularidad afecta:

▶ A verbos que son regulares en todas las restantes formas de su conjugación:

romper → roto   escribir → escrito   imprimir → impreso

▶ A verbos que presentan otras irregularidades:

decir → dicho   hacer → hecho   poner → puesto

200 El adverbio

El **adverbio** constituye una clase de palabras relativamente amplia y muy heterogénea. Los adverbios son palabras **invariables** con sentido pleno. Se caracterizan por poder ejercer la función de **modificadores** del verbo, así como del adverbio y el adjetivo (indicando cantidad o grado), y de la oración o del enunciado como un todo (indicando punto de vista, modalidad, etc.).

Tipos de adverbio

201 ¿Qué tipos de adverbios hay?

Los adverbios se pueden clasificar:

▶ Atendiendo al *contenido semántico* que expresan: adverbios *de tiempo*, *de modo*, *de lugar*, etc.

▶ En función de su *modo de significar*: se oponen los adverbios *de base léxica* a los adverbios *pronominales*.

> **!** Algunos adverbios pueden pertenecer a más de una clase semántica. Por ejemplo, *bien* es un adverbio de modo *(lo hizo bien)* o de cantidad *(está bien lejos)*.

202 ¿Cómo se clasifican los adverbios según su contenido semántico?

La clasificación más tradicional del adverbio atiende a su significado. Sin embargo, esta clasificación tiene el inconveniente de que es incompleta y de que une en un mismo grupo unidades con comportamiento gramatical distinto.

SIGNIFICADO	EJEMPLOS
tiempo	*hoy, mañana, mientras, entonces, siempre, nunca, recientemente, aún, ya, cuando*, etc.
modo	*así, como, bien, mejor*, etc., y la mayoría de los acabados en *-mente*.
lugar	*aquí, allá, lejos, cerca, encima, detrás, donde*, etc.

cantidad	cuanto, mucho, poco, nada, casi, bastante, demasiado, etc.
afirmación	sí, cierto, también, naturalmente, evidentemente, etc.
negación	no, tampoco, nada, etc.
duda	quizá(s), acaso, igual, posiblemente, probablemente, seguramente, etc.
inclusión o exclusión	solo, inclusive, además, excepto, etc.

¿Cómo se clasifican los adverbios según su modo de significar?

203

Según el modo de significar que tienen los adverbios, se distinguen dos grandes grupos: los adverbios de base léxica y los adverbios pronominales.

▶ Los adverbios de base léxica significan por sí mismos.

ADVERBIOS DE BASE LÉXICA	
adverbios calificativos Constituyen el grupo más numeroso.	**ejemplos** • adverbios de modo no derivados: *bien, mal, mejor, peor*, etc. • adverbios de modo derivados con *-mente*: *rápidamente, abiertamente*, etc. • adjetivos usados como adverbios: *(hablar) claro, (volar) alto, gratis, (ser algo) total*, etc.
adverbios prepositivos Pueden llevar un complemento preposicional *(detrás de mí)*, o ser término de preposición *(desde detrás)*. La mayoría se ha formado a partir de preposiciones.	**ejemplos** • adverbios de lugar: *cerca, lejos, arriba, abajo*, etc. • adverbios de tiempo: *antes, después*, etc.

adverbios temporales intransitivos	ejemplos
Son adverbios de tiempo que no admiten complemento preposicional. Expresan la idea de tiempo con relación a un valor previamente conocido.	*pronto, temprano, tarde,* etc.

adverbios modales	ejemplos
Expresan modalidad oracional (aseverativa, dubitativa, etc.).	*quizá(s), acaso, probablemente, seguramente,* etc.

▶ **Los adverbios pronominales adquieren su significado en función del contexto,** de forma similar a como ocurre con los pronombres.

ADVERBIOS PRONOMINALES

adverbios deícticos	ejemplos
Su significado depende del contexto; del *ahora* y *aquí* del hablante.	• adverbios de lugar: *aquí, ahí, allí, allá,* etc. • adverbios de tiempo: *ahora, mañana, anoche,* etc. • adverbios de modo: *así, tal*

adverbios cuantitativos	ejemplos
Indican una cuantificación.	• adverbios de cantidad: *mucho, poco, bastante,* etc. • adverbios de tiempo: *siempre, nunca, frecuentemente, regularmente,* etc.

adverbios de afirmación y de negación	ejemplos
Indican si la oración es afirmativa o negativa.	*sí, no, también, tampoco,* etc.

adverbios interrogativos Introducen una oración interrogativa o exclamativa en la que se expresa el tiempo, el lugar, el modo, etc.	*dónde, cuándo, cómo,* etc.
adverbios relativos Introducen una oración subordinada en la que se expresa el tiempo, el lugar, el modo, etc.	*donde, cuando, como,* etc.

FUNCIONES DEL ADVERBIO

¿Cuáles son las funciones que pueden desempeñar los adverbios? `204`

Los adverbios pueden ejercer distintas funciones en varios niveles de la estructura oracional, como modificar un adjetivo u otro adverbio, el verbo, la oración y el enunciado. También pueden relacionar oraciones o segmentos discursivos.

¿Qué son los adverbios modificadores del adjetivo o de otro adverbio? `205`

Indican el grado o la intensidad en la propiedad expresada por el adjetivo o el adverbio. Siempre preceden al adjetivo o adverbio al cual modifican. Pueden ejercer esta función:

▶ Los adverbios de cantidad:

  muy (alto / deprisa), **poco** (alto / deprisa), **bastante** (alto / deprisa)

▶ Los adverbios en -*mente* que indican grado:

  totalmente lleno, **medianamente** bien, **rematadamente** tonto

¿Qué son los adverbios modificadores del verbo? `206`

Indican circunstancias relativas al tiempo, modo o lugar en que ocurre la acción, o a la cantidad o grado con el cual esta se realiza:

TIEMPO, MODO, LUGAR Y CANTIDAD	
tiempo	llegó *temprano*; iremos *mañana*
modo	lo hizo *deprisa*; lo han hecho *bien*
lugar	dormiremos *aquí*; lo encontraron *detrás*
cantidad	come *mucho*; ha dormido *demasiado*

Ejercen generalmente la función de complemento circunstancial, aunque en ocasiones pueden ser atributo o complemento predicativo: *es así; viste bien*.

207 ¿Qué son los adverbios modificadores de la oración?

Estos adverbios modifican la oración en su conjunto, si bien su significado tiene que ver con el verbo. Expresan:

▶ **La frecuencia a la que se repite una acción:**

Lo llama frecuentemente.   Quincenalmente lo visito.

▶ **El ámbito o dominio en el que es cierta una afirmación:**

Geográficamente, están en la misma latitud, pero climatológicamente no tienen nada que ver.

208 ¿Qué son los adverbios modificadores del enunciado?

Los modificadores del enunciado indican aspectos relativos a la enunciación: la modalidad oracional o el modo.

▶ **Modalidad dubitativa:**

seguramente   difícilmente   quizá

▶ **Evaluación sobre el valor de verdad de la oración:**

indudablemente   incuestionablemente   supuestamente

▶ **Actitud del emisor al emitir el enunciado:**

francamente   sinceramente   honestamente

▶ **Modo o precisión con la cual se emplea la lengua:**

literalmente   textualmente   resumidamente

¿Qué son los adverbios conjuntivos?

Los adverbios conjuntivos relacionan una oración o un párrafo con el texto anterior. Se comportan de un modo muy próximo al de las conjunciones, pues establecen una relación lógica entre los enunciados que relacionan. Las principales nociones que expresan son:

▶ **Consecuencia:**

consecuentemente	entonces
además	consiguientemente

▶ **Excepción:**

menos	solo (que)
únicamente (que)	salvo

▶ **Estructura textual:**

primeramente	finalmente

210 LA PREPOSICIÓN

Las **preposiciones** constituyen una clase de palabras **invariables** con función **relacionante**: sirven de **nexo** entre un elemento sintáctico cualquiera y su complemento. Pueden introducir sustantivos, adjetivos, adverbios y verbos en formas no personales, aunque por sí solas no son capaces de introducir oraciones. Salvo la forma «según», son siempre palabras átonas.

211 ¿Qué preposiciones hay en español?

Las preposiciones del español constituyen una clase de palabras cerrada; tradicionalmente, se considera que está formada por:

a, ante, bajo, cabe, con, contra, de, desde, en, entre, hacia, hasta, para, por, según, sin, so, sobre, tras.

Sin embargo, cabe hacer algunos matices al respecto.

▶ *Cabe* y *so* son anticuadas o muy cultas; sólo aparecen en textos escritos de carácter formal o en algunas construcciones muy fijas: *so pretexto, so capa, so pena,* etc.

▶ *Ante*, *tras* y *bajo* son naturales en la lengua escrita pero poco frecuentes en la oral, que tiende a sustituirlas por las locuciones *delante de, detrás de* o *después de* y *debajo de*.

212 ¿Existen otras preposiciones?

Al listado de preposiciones tradicional se deberían añadir:

▶ *Pro.* Es un cultismo que aparece sobre todo en fórmulas fijas *(cupón pro ciegos),* pero que modernamente ha visto extendido su empleo *(una asociación pro defensa de los animales).*

▶ *Mediante* y *durante.* En latín eran adjetivos, y por ello la gramática tradicional no suele tratarlos en español como preposiciones; sin embargo, en la actualidad son preposiciones que introducen sintagmas nominales.

▶ *Versus.* Proviene del latín, pero en español se ha incorporado recientemente por influencia del inglés. En la actualidad se usa como preposición entre dos sustantivos para indicar enfrentamiento u oposición:

la vida en las grandes urbes *versus* los pequeños pueblos

Versus no está admitido por la Real Academia, que recomienda sustituirlo por *frente a*.

¿Hay palabras pertenecientes a otras categorías que se puedan usar como preposiciones? `213`

Algunas palabras pertenecientes a otras categorías gramaticales plantean un uso prepositivo cuando introducen sintagmas nominales:

▶ Los adverbios relativos *donde, cuando, como* y *adonde* introducen generalmente oraciones subordinadas adverbiales; son sin embargo preposiciones cuando introducen un sintagma nominal:

    mis recuerdos de cuando niño   vamos donde Juan

▶ Los adverbios *excepto, salvo, menos, aun, incluso, inclusive* y *menos* son preposiciones cuando introducen sintagmas nominales:

    Han venido todos salvo Juan.   Incluso los niños lo saben.

▶ La conjunción subordinante *mientras* se usa como preposición en la lengua oral con el sentido de 'durante':

    Mientras la operación, los médicos apenas hablaban.

▶ El sustantivo *vía* puede usarse como preposición que indica el punto por el que pasa un trayecto o el medio por el que se transmite algo:

    fuimos a Salamanca vía Madrid   imágenes vía satélite

LAS LOCUCIONES PREPOSITIVAS

¿Qué son las locuciones prepositivas o locuciones preposicionales? `214`

Las llamadas locuciones prepositivas o preposicionales son agrupaciones de palabras que funcionan conjuntamente como una preposición. Como todas las locuciones, tienen una estructura fija y un sentido unitario, de modo que constituyen un conjunto sintácticamente indivisible. Aunque el número y el tipo de unidades que las componen es variable, la última palabra de la locución es siempre una preposición; en general *a, de* o *con*.

215 ¿Qué locuciones prepositivas existen en español?

El repertorio de locuciones prepositivas del español es muy extenso. Las hay de tres tipos:

▶ **Un sustantivo aporta el significado básico de la locución;** está seguido –y casi siempre también precedido– por una preposición. Generalmente, el sustantivo denota algún tipo de relación (por ejemplo, causa-efecto), aunque la significación de estos nombres es muy variada:

a causa de	de acuerdo con	al amparo de
en aras de,	en atención a	en consideración a
a consecuencia de	a expensas de	a instancias de
a manera de	merced a	en referencia a

▶ **La locución incluye una palabra que en la actualidad no se usa fuera de esa construcción:**

respecto a	acerca de	por mor de

▶ **Un adverbio –generalmente de tiempo o lugar– se construye con una preposición que introduce el elemento que se toma como referencia:**

encima de (la mesa)	detrás de (la casa)	después de (mí)

El determinante
y el pronombre

216

Determinante y pronombre constituyen dos clases de palabras distintas, pero muchas de las palabras que las forman (como los posesivos y los demostrativos) pueden pertenecer a ambas categorías. El **determinante** precede al sintagma nominal y fija su referencia. El **pronombre**, en cambio, funciona como un sintagma nominal. Ambas son categorías **variables** y **cerradas**.

El determinante

¿Qué es un determinante?

217

Los determinantes:

▶ **Preceden al nombre y a los adjetivos que forman un sintagma nominal** y fijan su referencia:

Para que la referencia de *casa* sea un objeto concreto se necesita de la presencia de un determinante: *esta casa, mi casa, la casa.*

▶ **Son una clase cerrada;** esto es, el inventario de determinantes no se puede ampliar con palabras de nueva creación.

▶ **Tienen flexión de género y número,** y concuerdan con el sustantivo núcleo del sintagma nominal.

▶ **Antepuestos a sustantivos singulares, permiten que estos desempeñen la función de sujeto.**

No es una oración propia del español **coche corre mucho,* pero sí *el coche corre mucho.*

Tipos de determinantes

218

Según su función, se distinguen seis tipos de determinantes, que se presentan en la tabla de la página siguiente.

Los demostrativos, los indefinidos, algunos posesivos y los numerales cardinales pueden usarse también como pronombres.

DESINENCIAS DE NÚMERO Y PERSONA	
artículo determinado	*el, la, los, las; lo*
artículo indeterminado	*un, una, unos, unas*
demostrativos	*este, ese, aquel* (con sus variantes flexivas)
indefinidos	*algún, ningún, mucho, poco, bastante, varios, demasiado, cualquier, demás, todo, otro* (con sus variantes flexivas)
posesivos	*mi, tu, su, nuestro, vuestro* (con sus variantes flexivas)
numerales cardinales	*uno, dos, doce, veinte, mil,* etc.

El pronombre

219 ¿Qué es un pronombre?

Los pronombres:

▶ **Constituyen por sí solos un sintagma nominal.** Por eso, pueden realizar las funciones propias de este (sujeto, objeto directo o término de preposición).

▶ **Son una clase cerrada** que, por tanto, no se puede ampliar con nuevas unidades.

▶ **Tienen flexión de número; algunos de ellos presentan también flexión de género, y unos pocos, de persona.** Un subconjunto de los pronombres tiene formas para el género neutro. Los pronombres personales tienen además variación de caso; es decir, son distintos en virtud de la función sintáctica que desempeñan.

▶ **No tienen un significado léxico inherente,** sino que adquieren su significado en función de otro elemento que aparece en el contexto lingüístico o extralingüístico.

220 Tipos de pronombres

Existen varios tipos de pronombres. Algunos pueden desempeñar también la función de determinante, mientras que otros solo pueden ser pronombres.

Son determinantes cuando preceden a un sintagma nominal, y pronombres cuando funcionan como un sintagma nominal.

PRONOMBRES QUE TAMBIÉN PUEDEN SER DETERMINANTES	
demostrativos	*este, ese, aquel* (con sus variantes flexivas)
indefinidos	*nadie, alguien, quienquiera* (y *quienesquiera*), *nada, algo; algún, ningún, mucho, poco, bastante, varios, demasiado, cualquier, demás, todo, otro* (con sus variantes flexivas)
posesivos	*mío, tuyo, suyo, nuestro, vuestro* (con sus variantes flexivas)
numerales	*uno, dos, tres...*

PRONOMBRES QUE NO PUEDEN SER DETERMINANTES	
pronombres personales	*yo, tú, él...; mí, ti, sí; me, te, se...*
pronombres relativos	*cuanto, cuyo*
pronombres interrogativos	*qué, cuál* (y *cuáles*), *quién* (y *quiénes*), *cuánto* (con sus variantes flexivas)

El artículo

¿Qué es un artículo determinado?

221

El artículo determinado *(el, la, los, las)* es un determinante que se utiliza:

▶ **Ante nombres conocidos por el hablante o el oyente,** bien porque han sido nombrados en el discurso previo, bien porque su existencia se puede presuponer:

> Había un niño y una niña. **El** niño corría y **la** niña saltaba.

▶ **Para establecer generalizaciones:** *el perro es un mamífero.*

La forma *el* se usa con nombres femeninos que empiezan por *a* o *ha* tónicas: *el hacha, el agua*. Sin embargo, estos nombres exigen concordancia en femenino a los adjetivos: *el agua fría.*

222 ¿La forma *lo* es un artículo?

Lo es la forma neutra del artículo determinado; no tiene plural. Suele determinar adjetivos, pero también puede aparecer con adverbios en oraciones exclamativas:

lo grande   lo impresionante   ¡lo bien que lo hace!

Ante un adjetivo tiene función sustantivadora. Es decir, el adjetivo se utiliza como sustantivo, y denota una propiedad.

223 ¿Qué es un artículo indeterminado?

El artículo indeterminado *(un, una, unos, unas)* es un determinante que se utiliza:

▶ **Ante nombres que no son conocidos por el hablante** o que aparecen por vez primera en el discurso.

▶ **Para indicar indeterminación** (es decir, con el significado de *uno cualquiera*): *préstame un lápiz*.

 Un puede usarse con nombres femeninos que empiezan por *a* o *ha* tónicas, aunque en estos casos también es posible usar la forma femenina: *un hacha, una hacha*.

224 ¿Cómo se distingue el artículo indeterminado del numeral cardinal?

En singular, el artículo indeterminado *(un, una)* coincide con las formas del numeral cardinal que indican la unidad. La distinción entre el artículo y el numeral no es siempre sencilla:

▶ **El artículo tiene generalmente el valor de 'cualquiera':**

Todo el mundo necesita **un** amigo.

▶ **El numeral indica cantidad:**

Tengo **un** hermano y **una** hermana.

PALABRAS QUE SE PUEDEN USAR COMO PRONOMBRES Y COMO DETERMINANTES

¿Qué palabras pueden ser tanto determinantes como pronombres?

225

Hay algunos pronombres que no pueden desempeñar ninguna otra función: los personales, los relativos y los interrogativos. Otros, en cambio, pueden funcionar también como determinantes; son los demostrativos, los indefinidos, los posesivos y algunos numerales.

¿Qué son los demostrativos?

226

Los demostrativos indican lejanía o proximidad respecto al emisor y el receptor. Comprenden las formas *este, ese* y *aquel* con todas sus variantes flexivas, incluidas las formas neutras. Antepuestos al nombre son determinantes *(este libro)*, y pospuestos a éste, adjetivos *(el libro ese)*. Cuando aparecen aisladamente son pronombres *(quiero éste)* y pueden escribirse con tilde. Las formas neutras *(esto, eso, aquello)* son siempre pronombres, y jamás llevan tilde.

¿Qué son los indefinidos?

227

Los indefinidos indican una cantidad indeterminada. Están formados por dos subconjuntos:

▶ Las formas *nadie, alguien, quienquiera* (y *quienesquiera*), *nada* y *algo* solo pueden ser pronombres y no tienen flexión de ningún tipo (salvo *quienquiera,* que tiene flexión de número). Los tres primeros refieren a personas; los dos últimos, a cosas, y pueden ser también adverbios.

▶ Las formas *alguno, ninguno, mucho, poco, bastante, varios, demasiado, cualquiera, todo* y *otro* (con sus variantes flexivas) son pronombres cuando aparecen aisladamente *(no había ninguno)* y determinantes cuando están antepuestas al nombre *(muchos niños);* en ocasiones con formas apocopadas *(algún niño).* Algunas pueden posponerse al nombre como adjetivos *(no vi niño alguno).*

Algunos indefinidos, como *nadie* o *ninguno,* tienen significado negativo. Cuando preceden al verbo no es necesaria otra negación *(nadie lo esperaba),* pero requieren una negación cuando aparecen tras el verbo *(**no** lo esperaba nadie).*

228 ¿Qué son los posesivos?

Los posesivos están formados por las variantes flexivas de *mío, tuyo, suyo, nuestro* y *vuestro.*

► Las llamadas formas **apocopadas** *(mi, tu, su)* son palabras átonas. Solo pueden ejercer la función de determinante, puesto que siempre aparecen junto a un nombre:

mi casa   tu hermano   su libro

► Las llamadas formas **plenas** *(mío, tuyo, suyo, nuestro, vuestro)* son palabras tónicas. Son pronombres cuando no aparecen con un sustantivo *(el mío)* y adjetivos cuando van tras éste *(los libros nuestros).* Las formas de la primera y segunda persona del plural pueden ser también determinantes *(nuestro coche);* para el resto de personas la función de determinante la ejercen las formas apocopadas.

229 ¿Qué son los numerales?

Los numerales son cuantificadores que indican una cantidad, una porción, el lugar en una serie o una multiplicación exactas. La gran mayoría de numerales pueden funcionar como determinantes *(cinco sillas).* Algunos también pueden ser sustantivos *(tercio, mitad),* adjetivos *(el capítulo segundo)* o pronombres, si aparecen sin el sustantivo *(compré veinte; éramos doce para comer).*

TIPOS DE NUMERALES	
cardinales	*uno, dos, tres; once, quince, veinte...*
ordinales	*primero, segundo, tercero; undécimo, decimoquinto, vigésimo...*
partitivos	*mitad, tercio; onceavo, quinceavo, veinteavo...*
multiplicativos	*doble, triple; undécuplo*

¿Qué son los numerales cardinales? `230`

Los numerales cardinales son los nombres de los números naturales, e indican la cantidad exacta de componentes de un conjunto. Son:

▶ **Determinantes** cuando acompañan al nombre: *dos libros*.

▶ **Pronombres** cuando no van acompañados de sustantivo:

Los **tres** llegaron tarde.   Deme **dos**.   Solo tenemos **cinco**.

▶ **Adjetivos** cuando se usan como ordinales pospuestos al nombre: *capítulo quince*.

▶ **Sustantivos masculinos**, puesto que son el nombre del número al que representan: *El siete es mi número favorito*.

En los numerales formados con *uno*, este siempre toma la forma *una* ante sustantivos femeninos: *vientiuna alumnas* (no *veintiún alumnas). Sin embargo, se usa *un* cuando el sustantivo al que determinan empieza por *a* tónica: *veintiún amas de casa*. También se emplea *un* ante *mil*: *cincuenta y un mil personas* (no **cincuenta y una mil personas*).

¿Qué son los numerales ordinales? `231`

Los numerales ordinales indican la posición que el sustantivo al que modifican ocupa en una serie ordenada. Son adjetivos que pueden preceder o seguir al sustantivo *(el libro primero; el primer libro)*. Aunque pueden sustantivarse *(el segundo, lo segundo)*, no pueden ejercer la función de pronombre. Sustantivados con *lo* tienen a veces una función similar a la de los adverbios:

No voy por dos razones: lo primero, porque estoy enfadado, y lo segundo, porque tengo una cita.

¿Qué son los numerales partitivos? `232`

Los numerales partitivos indican las partes iguales en que se divide algo. Nunca pueden ejercer las funciones de pronombre o de determinante. En cambio, pueden ser:

▶ **Sustantivos:** *un tercio de la clase; dos octavos del pastel*.

▶ **Adjetivos:** *la octava parte*.

233 ¿Los partitivos se pueden usar como ordinales?

En la lengua oral, existe una tendencia a usar los partitivos como ordinales (*el doceavo* por *el duodécimo*). Sin embargo, unos y otros no se deben confundir:

▶ El partitivo indica una partición en partes iguales:

la doceava parte → hay doce partes iguales

▶ El ordinal indica el lugar en una serie:

el duodécimo capítulo → el capítulo que ocupa el lugar número doce

El sufijo *-avo, -ava* se usa únicamente para formar partitivos.

> El uso de los partitivos como ordinales no está admitido por la Real Academia.

234 ¿Qué son los numerales multiplicativos?

Los numerales multiplicativos (también llamados numerales proporcionales) indican multiplicación del contenido semántico del sustantivo. No pueden actuar como pronombres, sino que siempre son adjetivos; pueden anteponerse o posponerse al sustantivo *(trabajo doble, doble trabajo)*, y también sustantivarse *(el triple)*. Sustantivados adquieren un valor próximo al de los adverbios: *Has de trabajar el doble*.

LOS PRONOMBRES PERSONALES

235 ¿Cómo definimos a los pronombres personales?

Los pronombres personales tienen como referente las personas del discurso: primera persona (el emisor o un conjunto que lo incluye), segunda persona (el receptor o un conjunto que lo incluye) y tercera persona (alguien o algo distinto del emisor y el receptor, o un conjunto que lo incluye). Al igual que el resto de pronombres, ejercen funciones propias de un sintagma nominal.

Se distinguen dos series:

▶ **la serie tónica,** formada por unidades que pueden desempeñar funciones de sujeto, objeto y término de preposición;

▶ **la serie átona,** formada por unidades que exclusivamente pueden desempeñar funciones de objeto.

¿Cuáles son los pronombres personales tónicos? **236**

Las formas de la serie tónica son las que se muestran en la siguiente tabla:

PERSONA	SUJETO	CD, CI Y TÉRMINO DE PREPOSICIÓN	
singular			
1.ª persona	yo	mí	(conmigo)
2.ª persona	tú	ti	(contigo)
(forma de cortesía)	usted	usted / sí	(consigo)
3.ª persona	él, ella, ello	él, ella, ello / sí	(consigo)
plural			
1.ª persona	nosotros, nosotras	nosotros, nosotras	
2.ª persona	vosotros, vosotras	vosotros, vosotras	
(forma de cortesía)	ustedes	ustedes / sí	
3.ª persona	ellos, ellas	ellos, ellas / sí	

El pronombre *usted* se usa como forma de cortesía para referirse a la segunda persona del discurso, pero gramaticalmente es de tercera persona.

¿Cuáles son los pronombres personales átonos? **237**

Las formas de la serie átona, también llamadas clíticos, se presentan en la tabla de la página siguiente.

Los pronombres de la serie átona ejercen siempre funciones de objeto (directo o indirecto). Tienen la particularidad de que han de aparecer siempre unidos al verbo, ya sea antepuestos, como proclíticos *(lo dijo)*, o pospuestos, como enclíticos *(decirlo)*.

PERSONA	COMPLEMENTO DIRECTO	COMPLEMENTO INDIRECTO	REFLEXIVO
singular			
1.ª persona	me	me	me
2.ª persona	te	te	te
(forma de cortesía)	lo, la	le / se	se
3.ª persona	lo, la	le / se	se
plural			
1.ª persona	nos	nos	nos
2.ª persona	os	os	os
(forma de cortesía)	los, las	les / se	se
3.ª persona	los, las	les / se	se

238 ¿La forma *se* es siempre un pronombre personal?

Se puede desempeñar muy diversas funciones. En algunas de ellas no es un verdadero pronombre, puesto que no tiene un referente. Así ocurre, por ejemplo, con el *se* que forma oraciones impersonales o pasivas:

impersonal: Aquí se duerme bien.
pasiva refleja: Se venden pisos.

Como pronombre, tiene los siguientes usos:

▶ Es el clítico reflexivo de tercera persona: *María se peina.*

▶ Es el clítico de tercera persona de objeto indirecto (*le, les*) cuando se combina con los pronombres *lo, la, los, las*:

le dije esto → **se** lo dije; **les** dije esto → **se** lo dije

239 ¿La forma *lo* es siempre un pronombre personal?

Lo puede ser un artículo o un pronombre personal:

116

▶ **Es la forma neutra del artículo determinado**, que se usa para sustantivar adjetivos: *lo bonito.*

▶ **Es un pronombre personal átono de tercera persona.** Puede ejercer las funciones de:

• Objeto directo (masculino y singular): *lo vi, no lo conozco.*

• Atributo de un verbo copulativo: *lo es, lo parece.*

• Sustitución de oraciones, proposiciones, etc.

> Esto que me has dicho, no **lo** entiendo.

¿Qué son un proclítico y un enclítico? **240**

Los pronombres de la serie átona pueden ir antepuestos o pospuestos al verbo. Cuando preceden al verbo, se llaman proclíticos: *lo vi.* Cuando lo siguen, se llaman enclíticos: *verlo.* En la lengua española actual, los clíticos:

▶ **preceden al verbo en las formas personales,** salvo en el imperativo;

▶ **van pospuestos con el infinitivo, el gerundio y el imperativo:**

> dárselo, dándoselo, dáselo; se lo das, se lo diste, se la habías dado

La posposición de clíticos con las formas personales del verbo es anticuada o afectada: *entrégolo.*

> Cuando el pronombre *os* se pospone a una forma de segunda persona de plural del imperativo, esta pierde la *d* final: *coged, coge(d)os.* Así mismo, cuando el pronombre *nos* se pospone a formas verbales de primera persona del plural, estas pierden la *s* final: *conozcamos, conozcámo(s)nos.*

¿En qué orden aparecen los clíticos? **241**

Cuando hay varios pronombres átonos combinados, el orden en el que aparecen no es libre: los clíticos de segunda persona preceden a los de primera, y estos preceden a los de tercera; a su vez, la forma *se* siempre es la primera de la secuencia:

> te me/nos fuiste; me/te lo regalaron; se me/te/le cayó; se la dio

242 ¿Qué son el leísmo, el laísmo y el loísmo?

En algunas zonas, hay vacilación en el uso de las formas átonas de tercera persona de objeto directo *(lo, la, los, las)* e indirecto *(le, les)*. Se trata de fenómenos de sustitución de unas formas por otras. Se denomina:

▶ **Leísmo** al uso de *le, les* en lugar de *lo, la, los, las*.

el coche, **le** dejé aparcado

▶ **Laísmo** al uso de *la, las* en lugar de *le, les*.

a María, **la** di un regalo

▶ **Loísmo** al uso de *lo, los* en lugar de *le, les*.

a Juan, **lo** di un regalo

> La Real Academia admite como correcto el leísmo cuando el pronombre se refiere a una persona en masculino y singular (uso de *le* por *lo*: *A Juan, lo / le vi ayer*), pero recomienda evitar los otros usos.

LOS PRONOMBRES RELATIVOS

243 ¿Qué son los pronombres relativos?

Los pronombres relativos son nexos subordinantes que introducen oraciones subordinadas adjetivas. Adquieren su significado por referencia a un sustantivo que aparece antes en el discurso, y que recibe el nombre de antecedente, al cual modifica la oración subordinada introducida por el pronombre:

La camiseta que me regalaron. → El pronombre relativo *que* se refiere a *camiseta,* su antecedente, al cual modifica la oración *que me regalaron.*

244 ¿Cómo se analizan los pronombres relativos?

Los pronombres relativos tienen una doble naturaleza de nexo y de pronombre:

▶ Como nexos, introducen una oración subordinada de relativo.

▶ Como pronombres, desempeñan una función sintáctica

en dicha oración subordinada. La función sintáctica que desempeñan es siempre la propia de un sintagma nominal, ya que son pronombres. Es la misma función que desempeñaría el antecedente si el pronombre relativo se sustituyera por este:

El coche que compré. → *Compré un coche.* (CD)

El coche que ganó la carrera. → *Un coche ganó la carrera.* (Sujeto)

¿Qué pronombres relativos hay en español? **245**

Los pronombres relativos son *que* (en ocasiones precedido de artículo determinado: *el que*), *cual* (siempre precedido de artículo determinado), *quien* (y *quienes*) y *cuanto* (con sus variantes flexivas). La forma *cuyo,* con sus variantes flexivas, también introduce subordinadas adjetivas, aunque tiene una sintaxis distinta a la de los demás relativos.

¿La forma *cuyo* es un pronombre relativo? **246**

Cuyo introduce oraciones subordinadas de relativo, pero tiene una sintaxis peculiar: es un determinante con significado posesivo. Al igual que los pronombres relativos, introduce una subordinada adjetiva, que mantiene con el antecedente una relación posesiva: el antecedente es el poseedor. A su vez, es un determinante que actualiza un sustantivo y que denota lo poseído.

En la oración *he visto una película cuyo protagonista es un niño,* el pronombre *cuyo* introduce una oración subordinada: *el protagonista (de la película) es un niño.* El antecedente de la subordinada es el sustantivo *película,* que expresa el poseedor de *protagonista,* al cual *cuyo* determina.

LOS PRONOMBRES INTERROGATIVOS

¿Qué son los pronombres interrogativos? **247**

Los pronombres interrogativos introducen oraciones interrogativas. Son tónicos y se escriben siempre con tilde; generalmente ocupan la primera posición de la oración:

¿Quién me acompaña a comprar?   **¿Qué** dices?

¿Cómo se diferencian los pronombres interrogativos de los relativos?

Los pronombres interrogativos mantienen un paralelismo con los pronombres relativos. Se diferencian de ellos:

▶ **Por su función:** introducen oraciones interrogativas, no subordinadas de relativo.

▶ **Por su carácter acentual:** son palabras tónicas.

▶ **Por el modo como adquieren la referencia:** mientras los relativos hallan su referente en un sustantivo que aparece previamente en el discurso (su antecedente), en el caso de los interrogativos el emisor desconoce el referente, y la función del pronombre interrogativo consiste en preguntar sobre ese referente desconocido.

 ¿Qué pronombres interrogativos hay en español?

Los pronombres interrogativos son *cuál* (y *cuáles*), *quién* (y *quiénes*), *qué* y *cuánto* (con las variantes flexivas *cuánta, cuántos* y *cuántas*). A ellos debe añadirse la forma culta *cuán,* que se usa solo en oraciones exclamativas.

 No existe un paralelo interrogativo para el relativo *cuyo.* Antiguamente existió una forma *cúyo* que tenía este valor y que se usaba en oraciones interrogativas (*¿cúyas son estas cosas?*). En el español actual ha sido desplazada por *de quién.*

 ¿Cómo se analizan los pronombres interrogativos?

Los pronombres interrogativos tienen una función doble.

▶ Introducen una oración interrogativa.

▶ **Desempeñan una función nominal en la oración en la que aparecen** (sujeto, objeto, término de preposición, etc.), puesto que son pronombres.

Sujeto: *¿Quién ha llegado?*

CD: *¿A quién conoces?*

CI: *¿A quién le diste el mensaje?*

CR: *¿De quién te escondes?*

¿Los pronombres interrogativos pueden introducir interrogativas directas e interrogativas indirectas? `251`

Los pronombres interrogativos pueden introducir tanto una oración interrogativa directa como una oración interrogativa indirecta.

▶ **Una interrogativa directa** es una oración principal (no subordinada) que tiene modalidad oracional interrogativa: *¿Quién vendrá?*

▶ **Una interrogativa indirecta** es una oración subordinada que tiene sentido interrogativo, aunque la modalidad de la oración principal sea aseverativa: *Pregunta quién vendrá.*

> Los interrogativos se escriben siempre con tilde.
> Cuando introducen oraciones interrogativas indirectas no se deben confundir con los relativos, que son átonos y se escriben sin tilde.

LOS PRONOMBRES EXCLAMATIVOS

¿Qué son los pronombres exclamativos? `252`

Los pronombres interrogativos pueden usarse también en oraciones exclamativas. Por eso, se los llama también pronombres exclamativos.

   ¡**Qué** bonito es este cuadro!   ¡**Quién** pudiera hacerlo!

¿Qué pronombres se pueden usar como exclamativos? `253`

Con esta función, se pueden usar todos los pronombres interrogativos. Sin embargo:

▶ **La forma** *cuánto,* se sustituye a veces en la lengua oral por *qué de:*

   ¡Cuánta gente hay!   ¡Qué de gente hay!

▶ **La forma** *cuán* sustituye a *cuánto* ante adjetivos y adverbios, aunque en la actualidad esta forma es arcaizante. Con mucha frecuencia, sobre todo en la lengua oral, se prefiere el pronombre *qué:*

   ¡Cuán hermosos son!   ¡Qué hermosos son!

254 LA CONJUNCIÓN Y LOS NEXOS CONJUNTIVOS

La **conjunción** constituye una clase de palabras **cerrada** e **invariable**. Las conjunciones cumplen una función de enlace entre oraciones o elementos constitutivos de una oración (palabras, sintagmas o simples fragmentos).

255 Tipos de conjunciones

Se diferencian dos grupos de conjunciones:

▶ Las conjunciones coordinantes establecen un enlace entre elementos jerárquicamente equivalentes:

y, ni, o, pero, sino, mas, empero

▶ Las conjunciones subordinantes hacen depender una oración de otra o de un constituyente oracional.

que, si, porque, luego, con que, pues

256 ¿Qué son las locuciones conjuntivas?

Las locuciones conjuntivas (o nexos conjuntivos) son expresiones formadas por más de una palabra que ejercen función de conjunción. Tienen una forma fija y se utilizan como una pieza única.

una vez que, dado que, a no ser que, tan pronto como, con tal (de) que, siempre que, a condición (de) que, con el fin (de) que, a que

LAS CONJUNCIONES COORDINANTES

257 ¿Qué son las conjunciones coordinantes?

Las conjunciones coordinantes enlazan oraciones, sintagmas o palabras que pertenecen a un mismo nivel jerárquico. Es decir, no se establece una relación de dependencia entre uno de los elementos y el otro. Se clasifican en función del tipo de relación que expresan.

TIPO	RELACIÓN QUE EXPRESAN	CONJUNCIONES
copulativas	Indican adición.	*y* (y su variante *e*), *ni*
distributivas	Indica alternativa.	*bien... bien, ya... ya, ora... ora*
disyuntivas	Indican alternativas que se oponen.	*o* (y su variante *u*)
adversativas	Indican oposición total o parcial.	*pero, sino, mas, empero, sin embargo, no obstante, antes bien, con todo,* etc.

¿Qué son las conjunciones copulativas? `258`

Las conjunciones coordinantes copulativas unen oraciones o constituyentes sintácticos aportando un significado de suma o adición. Se trata de *y* (y su variante *e*), que se usan en oraciones afirmativas, y *ni,* que se usa en oraciones negativas.

¿Las conjunciones copulativas pueden variar de significado? `259`

En ocasiones, las conjunciones copulativas añaden al significado básico de adición un matiz significativo distinto. Por ejemplo, *y* puede indicar condición *(hazle caso y vivirás feliz)*, consecuencia *(he estudiado mucho y sé más que tú)* o tener matiz adversativo *(lo sé y no me acuerdo).*

¿Existen otros nexos que se puedan usar como conjunciones copulativas? `260`

Pueden funcionar en ocasiones como conjunciones copulativas:

▶ *Que* y algunas construcciones aparentemente comparativas de igualdad:

Toca **que** tocarás.   **Tanto** tú **como** yo tenemos razón.

▶ Algunas construcciones con la preposición con:

Lo hizo Manuel con su madre.

▶ Algunos adverbios, como *asimismo* o *además*.

261 ¿Qué son las conjunciones distributivas?

Las conjunciones coordinantes distributivas enlazan oraciones o constituyentes oracionales que mantienen entre sí una relación de alternancia. Se trata de formas como *bien... bien, ya... ya, ora... ora.*

Existen otros nexos que pueden usarse como conjunciones distributivas. La noción de alternativa expresada por medio de estas conjunciones puede indicarse también mediante palabras pertenecientes a otras categorías gramaticales:

uno... otro	este... aquel
cual... cual	tal... tal

 Dado que la diferencia entre alternativas y alternativas que se oponen no es siempre fácil de precisar, algunos autores tratan conjuntamente las conjunciones disyuntivas y las distributivas.

262 ¿Qué son las conjunciones disyuntivas?

Las conjunciones coordinantes disyuntivas enlazan oraciones o constituyentes oracionales que expresan alternativas que se oponen. Se trata de *o* (y su variante *u*).

 Dado que tienen un valor muy próximo al de las conjunciones distributivas, algunos autores las consideran un subconjunto de estas.

Las conjunciones disyuntivas son en general excluyentes, es decir, el elemento que precede a la conjunción y el que la sigue se excluyen mutuamente. Sin embargo, en ocasiones *o* indica equivalencia y se usa para aclarar o explicar de un modo distinto un término o expresión anterior:

el ARN o ácido ribonucleico
los antiglobalización o altermundialistas

¿Cómo se refuerza el valor excluyente de las conjunciones disyuntivas?

En ocasiones, el valor excluyente de una conjunción distributiva se refuerza; especialmente cuando se enlazan oraciones.

▶ Las construcciones disyuntivas con *o* pueden reforzarse anteponiendo *bien, sea, ya,* etc. a alguno de los elementos coordinados:

Lo harás **ya** sea porque te guste **o** porque te lo pido yo.

▶ *O* puede preceder a las distintas alternativas:

O vienes **o** te vas.   **O** lo sabes **o** no lo sabes.

¿Qué son las conjunciones adversativas?

Las conjunciones coordinantes adversativas enlazan oraciones o constituyentes aportando un significado de oposición o contraposición. Se trata de las formas *pero, sino, mas* y *aunque.* Junto a ellas, también funcionan algunas locuciones como *sin embargo, no obstante, empero,* que tienen valor de enlace extraoracional.

Se distinguen:

▶ **Las restrictivas,** que expresan oposición parcial:

Es simpático **pero** algo pelma. Llegamos a la fiesta, **pero** algo tarde.

▶ **Las exclusivas,** que indican oposición total:

No lo dijo él **sino** yo. No quería ayudarte **sino** complicarte la vida.

¿En qué se diferencian las conjunciones adversativas de las conjunciones subordinantes concesivas?

El significado de las conjunciones adversativas es muy próximo al de las subordinantes concesivas:

adversativa: Está enfermo **pero** ha venido.
concesiva: **Aunque** está enfermo, ha venido.

Sin embargo, se diferencian de ellas porque enlazan dos elementos que mantienen entre sí una relación de igualdad jerárquica, mientras que las conjunciones concesivas subordinan un elemento a otro.

LAS CONJUNCIONES SUBORDINANTES

266 ¿Qué son las conjunciones subordinantes?

Las conjunciones subordinantes introducen una oración que depende jerárquicamente de otra oración, a la cual se subordina. Se distinguen dos grandes grupos:

▶ **Las conjunciones que introducen oraciones que ejercen la función de un sustantivo:** *que* y *si.*

 No debe confundirse la conjunción *si* que introduce subordinadas sustantivas *(pregunta si vienes)* con la que introduce oraciones condicionales *(si tú me dices ven, lo dejo todo).*

▶ **Las conjunciones que introducen oraciones subordinadas adverbiales impropias:**

TIPO	RELACIÓN QUE EXPRESAN	CONJUNCIONES
causales	Indican la causa.	*porque, dado que, puesto que, pues, ya que, como que, como quiera que, en vistas de que,* etc.
consecutivas	Indican la consecuencia.	*por (lo) tanto, luego, conque, por ello, así que, así pues, de modo que, de manera que,* etc.
finales	Indican la finalidad o intención.	*para que, a fin de que, a que,* etc.
condicionales	Indican una condición necesaria.	*si, a condición (de) que, en caso (de) que, con solo que, siempre que, cuando,* etc.
concesivas	Indican un supuesto obstáculo que no impide la realización de lo expresado en la oración principal.	*aunque, por más que, a pesar (de) que, pese a que, si bien,* etc.

¿Qué otros nexos pueden introducir oraciones
subordinadas adverbiales?

Pueden funcionar como conjunciones que introducen subordinadas adverbiales impropias palabras pertenecientes a otras categorías gramaticales:

▶ Algunos adverbios temporales, como *cuando* o *siempre
que,* pueden introducir oraciones condicionales. El significado condicional suele tener un matiz temporal:

Cuando los precios suben, se reduce la demanda.

▶ Algunas expresiones más o menos fijas (*sea como sea,
sea cual fuera, de todos modos, no es óbice para*, etc.) pueden introducir oraciones subordinadas concesivas.

S INTAXIS

268 LA SINTAXIS

La **sintaxis** es una disciplina lingüística que estudia el modo como se relacionan las palabras para formar unidades superiores de significado. El interés de la sintaxis se centra en describir las reglas que determinan la combinación de palabras para formar unidades mayores, los llamados **sintagmas,** así como en determinar cuáles son las reglas de combinación de sintagmas que permiten la formación de **oraciones.** También describe qué características poseen las diversas oraciones que se pueden formar con dichas reglas.

269 ¿Cuáles son los límites de la sintaxis?

El límite superior de estudio de la sintaxis lo constituye la oración, unidad máxima del análisis sintáctico. Los mecanismos mediante los cuales las oraciones se combinan entre sí para formar textos quedan, por lo tanto, fuera del alcance de esta disciplina, y serán objeto de atención de otra rama de la lingüística que recibe el nombre de *análisis del discurso.*

Por su parte, la unidad mínima del análisis sintáctico la constituyen las palabras, que son las piezas que se usan como entrada de las reglas que permiten construir la estructuras sintácticas. Las palabras, a su vez, se pueden descomponer en unidades menores de significado, los morfemas, de cuyo estudio no se ocupa la sintaxis sino la morfología. Entre los dos extremos de la palabra y la oración se sitúan los sintagmas: agrupaciones estructuradas de palabras que constituyen unidades sintácticas menores que la oración.

270 ¿Cómo se representan los análisis sintácticos?

Para representar su análisis, la sintaxis ha desarrollado unas herramientas específicas, que son convenciones que los lingüistas adoptan para presentar gráficamente las estructuras lingüísticas. Estas convenciones de representación gráfica de las estructuras sintácticas difieren entre unos y otros autores, si bien todas ellas son caminos distintos para alcanzar un mismo fin. Se pueden usar:

▶ Paréntesis etiquetados:

[_Oración [_SN Juan] [_SV duerme]]

▶ **Llaves que agrupan las distintas combinaciones de palabras:**

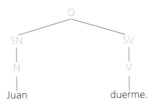

▶ **Gráficos en forma de árbol:**

En este libro, hemos optado por utilizar mayoritariamente este último sistema. Los árboles parten de la categoría sintáctica máxima que se analiza, y desarrollan bajo ella su análisis. Mediante líneas, se marcan los elementos en que se divide cada unidad lingüística del análisis. Los nudos de los árboles se etiquetan, para recoger así la información sobre la categoría a la que pertenecen los elementos que aparecen en el árbol sintáctico.

271 EL SINTAGMA

Algunas clases de palabras, como los nombres, los adjetivos o los verbos, admiten complementos y determinantes. La agrupación de estas voces con sus complementos y determinantes funciona como una **unidad sintáctica** que recibe el nombre de **sintagma**. Los sintagmas se comportan como un todo que desempeña una función sintáctica dentro de la oración; por ello, se dice que los sintagmas son los constituyentes oracionales.

272 ¿Qué tipos de sintagmas existen?

La posibilidad que cada palabra tiene de combinarse con otras palabras depende de su categoría gramatical. Algunas clases de palabras, como nombres o adjetivos, pueden formar sintagmas, mientras que otras, como las conjunciones, no constituyen sintagmas propios.

Las clases de palabras que pueden formar sintagmas son los nombres, los adjetivos, los verbos, los adverbios y las preposiciones, que forman el correspondiente sintagma nominal (SN), sintagma adjetivo (SAdj), sintagma verbal (SV), sintagma adverbial (SAdv) y sintagma preposicional (SP).

273 ¿Cuáles son las clases de palabras que no forman sintagmas?

Las clases de palabras que no forman sintagmas son:

▶ **Los determinantes,** que intervienen siempre en un sintagma nominal, actualizando la referencia de un nombre o de algún elemento que funcione como tal.

▶ **Las conjunciones,** que establecen relaciones entre sintagmas u oraciones.

▶ **Los pronombres,** que constituyen por sí solos un sintagma nominal.

274 ¿Qué estructura tienen los sintagmas?

Todo sintagma posee siempre un *núcleo,* que determina sus características combinatorias. Salvo en el caso de las preposiciones, los sintagmas pueden estar formados por una única palabra, su núcleo.

SN:	Llegan *trenes*.	**SV:**	*Llueve*.
SAdj:	Tiene un libro *azul*.	**SAdv:**	Llegó *tarde*.

En otras ocasiones, los núcleos establecen relaciones con otras palabras dentro del mismo sintagma: sus determinantes y complementos.

SN: hermano; el hermano; el hermano mayor; el hermano mayor de Antonio; el hermano mayor de Antonio que conociste el otro día.

SV: pasean; pasean por el campo; pasean por el campo cada día; pasean por el campo cada día durante dos horas

Por eso, no es su longitud o complejidad interna lo que determina que una agrupación de palabras sea o no un sintagma, sino el hecho de que constituya una unidad con capacidad de desempeñar una determinada función sintáctica.

EL SINTAGMA NOMINAL

¿Qué es un sintagma nominal?

275

Los sintagmas nominales tienen por núcleo un sustantivo, que puede estar determinado o modificado por complementos propios. También puede ser núcleo de un sintagma nominal un infinitivo o cualquier palabra o frase que esté sustantivada: *el ayer, el sí, lo azul, el que llega*. Los pronombres, a su vez, constituyen por sí solos sintagmas nominales: *yo, aquél, alguno*.

¿Pueden funcionar como núcleo de un sintagma nominal palabras que no sean un nombre?

276

En palabras pertenecientes a categorías gramaticales distintas que el nombre, el uso de determinantes las sustantiva; es decir, hace que funcionen como si fueran nombres y formen por tanto sintagmas nominales. La sustantivación es muy frecuente con adjetivos, que se convierten en sustantivos que denotan una cualidad cuando van precedidos por el artículo neutro *lo: me asusta lo nuevo*. La sustantivación también se da con otras categorías gramaticales, como por ejemplo algunos adverbios *(el aquí, el ahora)*; en ocasiones, por este procedimiento se han creado sustantivos a partir de voces que originariamente pertenecían a otra categoría gramatical: *el mañana*.

 ¿Qué estructura tiene un sintagma nominal?

Los sintagmas nominales se utilizan para referirse a entidades del mundo; la entidad del mundo a la cual designa un sintagma nominal recibe el nombre de referencia. Para establecer su referencia, el núcleo nominal del sintagma suele ir acompañado de dos tipos de elementos distintos. Por un lado, puede llevar determinantes que indiquen a cuáles o cuántos de los objetos pertenecientes a la clase de objetos que designa el sustantivo se refiere el sintagma; por otro, pueden aparecer complementos que describan o especifiquen estas entidades.

¿Qué tipos de determinantes puede llevar un sintagma nominal?

La función de los determinantes consiste en fijar la referencia del sintagma nominal, al determinar qué entidades designa o bien al especificar la cantidad de ellas que designa. Se distinguen dos tipos:

▶ **Los determinantes identificadores indican a qué objetos del mundo se refiere el sintagma nominal.** Son identificadores el artículo determinado *(el, la, los, las)*, los demostrativos *(este, ese, aquel)* y los posesivos apocopados *(mi, tu, su, nuestro...)*.

▶ **Los determinantes cuantificadores indican la cantidad de unidades que designa el sintagma nominal.** Son cuantificadores el artículo indeterminado *(un, una, unos, unas)*, los indefinidos *(algún, pocos, bastante...)* y los numerales cardinales *(dos, tres, veinte...)*.

 ¿Los nombres pueden llevar más de un determinante?

En general, los sustantivos poseen un único determinante, por lo que no son posibles secuencias como **el un libro* o **algunos tres libros.* Sin embargo, es posible que un sustantivo tenga dos determinantes, siempre y cuando uno de ellos sea identificador y el otro, cuantificador. Cuando ello ocurre, el cuantificador suele ocupar la segunda posición:

tus muchos amigos
los tres mosqueteros
los varios problemas que hemos tenido

¿Cuáles son los complementos que puede tener el sintagma nominal?

El sustantivo puede tener complementos propios, también llamados adyacentes. Pueden ser complementos de un sustantivo los adjetivos (y las oraciones adjetivas), los participios, algunos adverbios y otros sustantivos; constituyen los que se suelen denominar *adyacentes directos*. También pueden ser complementos del sustantivo los sintagmas preposicionales, que se suelen denominar *adyacentes indirectos*.

¿Pueden los adjetivos ser complementos del nombre?

Los adjetivos pueden modificar el núcleo de un sintagma nominal. Pueden aparecer tanto antes como después de este, aunque la interpretación que reciben en uno y otro caso es parcialmente distinta. Siempre concuerdan en género y número con el núcleo sustantivo:

el árbol alto, los árboles altos   la chica alta, las chicas altas

El adjetivo que complementa un nombre es a su vez el núcleo de un sintagma adjetivo. Por eso, puede tener complementos o modificadores propios:

un libro posterior **al otro**   el análisis **más** discutible
un éxito **bastante** notable   una receta **muy** buena

Debido a ello, en rigor no es el adjetivo el que ejerce la función de complemento del nombre, sino el sintagma adjetivo del cual este es núcleo.

¿Cómo se representa el análisis arbóreo de un sintagma nominal que tiene como complemento un adjetivo?

Si por el momento prescindimos del análisis del sintagma adjetivo, podemos representar la estructura de un sintagma nominal en el que el núcleo está modificado por un sintagma adjetivo del siguiente modo:

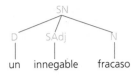

283 ¿Los participios pueden ser complemento de un nombre?

Los participios pueden ser complemento del nombre. Concuerdan en género y número con el núcleo nominal del cual son complementos:

el árbol calcinado, los árboles calcinados
la madera calcinada, las maderas calcinadas

Los participios son formas no personales del verbo; por lo tanto, aunque formalmente se parezcan mucho a los adjetivos, constituyen el núcleo de un sintagma verbal, que es el que en rigor ejerce la función de complemento del nombre. Por eso, los participios que complementan a un nombre pueden tener complementos propios:

el árbol calcinado **por el rayo**
un cuadro considerado **auténtico**

284 ¿Cómo se representa el análisis arbóreo de un sintagma nominal que tiene como complemento un participio?

La estructura de un sintagma nominal que tiene como complemento un participio se representa como sigue (simplificamos la estructura del SV):

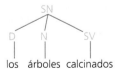

285 ¿Las oraciones pueden ser complemento de un nombre?

Un sustantivo puede estar modificado por una oración subordinada. Este tipo de oración tiene función adjetiva, y se denomina oración subordinada de relativo. La oración, tomada en su conjunto, modifica el sustantivo del mismo modo como lo haría un sintagma adjetivo:

los libros **que compraste**   el pueblo **donde nací**

¿Los adverbios pueden ser complemento de un nombre?

286

Algunos adverbios pueden ser complementos del nombre, si bien esta posibilidad está limitada a unos pocos entre los adverbios que indican dirección. Con este uso van inmediatamente pospuestos al sustantivo: *calle abajo, tiempo atrás.*

El adverbio constituye el núcleo de un sintagma adverbial. Sin embargo, con estos usos los adverbios no admiten complementos propios.

¿Cómo se representa el análisis arbóreo de un sintagma nominal que tiene como complemento un adverbio?

287

El análisis arbóreo de un sintagma nominal complementado por un adverbio se hace como sigue (simplificamos la representación del sintagma adverbial):

¿Qué es una aposición?

288

El núcleo de un sintagma nominal puede tener como adyacente directo otro sintagma nominal. Esta construcción recibe el nombre de aposición. En las aposiciones, no aparece entre los dos sustantivos ninguna preposición:

el rey **Carlos III**   mi hermana **Iris**
Roma, **la capital de Italia**   el río **Guadalquivir**

Las aposiciones pueden tener dos funciones:

▶ Cuando la aposición no se separa del núcleo mediante una pausa, aporta la información necesaria para identificar el referente:

En el sintagma *su primo arquitecto,* el sustantivo *arquitecto* sirve para diferenciar el referente de *primo* de otros individuos a los que podría designar el sintagma *su primo.*

▶ Cuando va separada del núcleo por una pausa (representada gráficamente mediante una coma), la aposición aporta información adicional sobre el referente; pero el primer sintagma nominal ya aporta toda la información necesaria para establecer la referencia: *París,* **la ciudad del amor***.*

289 ¿Cómo se representa el análisis arbóreo de un sintagma nominal con aposición?

En forma arbórea, el análisis de un sintagma nominal con aposición se representa como sigue:

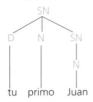
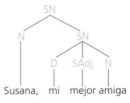

290 ¿Un sintagma preposicional puede ser complemento del nombre?

El núcleo de un sintagma nominal puede tener como complemento un sintagma preposicional; este tipo de complementos reciben el nombre de *adyacentes indirectos.*

la casa **de la familia**   café **con leche**

Algunos sustantivos que derivan de verbos están complementados por sintagmas preposicionales que expresan nociones similares a las que expresan los complementos del verbo correspondiente:

La destrucción **de la ciudad** (alguien destruye la ciudad); su amor **a los animales** (ama a los animales); la solución **del problema por parte del profesor** (el profesor soluciona el problema); la exposición **del artista** (el artista expone).

¿Cómo se representa el análisis arbóreo de un sintagma nominal que tiene como complemento un sintagma preposicional? `291`

En forma arbórea, el análisis sintáctico de un sintagma nominal con un adyacente indirecto se representa como sigue (se simplifica la estructura del sintagma preposicional):

EL SINTAGMA ADJETIVO

¿Qué es un sintagma adjetivo? `292`

Los sintagmas adjetivos tienen como núcleo un adjetivo. Los sintagmas adjetivos ejercen fundamentalmente las funciones de:

► Complemento del nombre: *una explicación* **clara.**

► Atributo: *los pastelitos son* **deliciosamente buenos.**

► Complemento predicativo: *acabo el curso* **contento de haber aprobado.**

¿Qué estructura tiene el sintagma adjetivo? `293`

Los sintagmas adjetivos pueden estar formados por un único adjetivo *(azul, difícil, increíble, francés)*, pero también pueden estar integrados por diversos constituyentes, hasta alcanzar un alto grado de complejidad:

> fácil; fácil de comprender; sorprendentemente fácil de comprender; tan sorprendentemente fácil de comprender como esperábamos

El núcleo de un sintagma adjetivo puede llevar modificadores y adjetivos.

► **Los modificadores** indican el grado de la propiedad denotada por el adjetivo.

► **Los complementos** son sintagmas preposicionales que suelen estar regidos por el adjetivo.

294 ¿Qué modificadores puede tener un adjetivo?

Los adjetivos indican una propiedad, que se predica del nombre al cual complementan. Cuando llevan modificadores, estos indican la cantidad o el grado con que se aplica al nombre la propiedad que designa el adjetivo:

muy fuerte   **realmente** nuevo   **cantidad de** interesante

Los modificadores suelen estar antepuestos al núcleo. Pueden aparecer como modificadores:

▶ **Los adverbios que indican cantidad,** como *muy, bastante, demasiado, algo, harto, poco,* etc. En ocasiones, un adjetivo puede estar modificado por más de uno de estos adverbios: *bastante más caro.*

▶ **Algunos adverbios en -*mente*,** que generalmente lo preceden:

absolutamente incomprensible   **terriblemente** brillante

▶ **Algunos sintagmas nominales característicos de la lengua oral,** que indican grado elevado:

cantidad de caro   **la mar de** simpático
una pasada de bueno   **una gozada de** película

> Aunque formalmente *cantidad, mar, pasada,* etc. sean nombres, la expresión en que aparecen es una unidad indescomponible que funciona como una locución adverbial (*cantidad de, la mar de,* etc.). Estos nombres no son, así pues, núcleo de un SN.

295 ¿Todos los adverbios en -*mente* pueden ser modificadores de un adjetivo?

Solo pueden ser usados como modificadores adjetivales:

▶ **Los adverbios que intrínsecamente expresan la noción de grado:**

completamente eficaz   **notablemente** grande
ligeramente aburrido   **considerablemente** atractivo

▶ **Algunos adverbios que no expresan grado sino otras nociones adverbiales,** como una evaluación del hablante (***sor-***

prendentemente *alto*) o el punto de vista desde el cual se considera la propiedad denotada por el adjetivo (***económicamente*** *desarrollado*).

¿Qué complementos puede llevar un adjetivo?

296

Los complementos del adjetivo se expresan mediante sintagmas preposicionales.

▶ **En muchos casos, el adjetivo rige una determinada preposición,** que es la que normalmente introduce el sintagma con que se construye ese adjetivo:

    feliz **de** reencontrarte   alérgico **a** los ácaros

▶ **Otras veces tiene como complemento un sintagma preposicional no regido;** es decir, se trata de un sintagma introducido por una preposición que no selecciona el adjetivo. Estos complementos indican nociones similares a las de los complementos circunstanciales de los verbos:

    gastado **por los bordes**   tozudo **hasta el final**
    feliz **desde que te conoció**   lleno de **esperanza**

¿Los adjetivos pueden estar modificados por una oración?

297

Los adjetivos no pueden estar modificados directamente por una oración, a diferencia de los nombres. Sin embargo, pueden tener como complemento un sintagma preposicional que a su vez introduce una oración:

    feliz **de** que vengas   preocupado **por** cómo van las cosas

¿Cómo se representa el análisis arbóreo de un sintagma adjetivo?

298

El análisis arbóreo del sintagma adjetivo se representa como sigue (se simplifica el análisis del sintagma preposicional):

EL SINTAGMA PREPOSICIONAL

299 ¿Qué es un sintagma preposicional?

Se denomina sintagma preposicional al sintagma introducido por una preposición o locución preposicional. Los sintagmas preposicionales funcionan siempre como complementos de otro sintagma. Pueden tener como complemento un sintagma preposicional los nombres (*el hermano* **de Juan**, *su predisposición* **a equivocarse**), algunos adjetivos y adverbios (*semejante* **a ti**, *lejos* **de aquí**) y muchos verbos (como complemento de régimen o como CI, por ejemplo).

300 ¿Qué estructura tiene un sintagma preposicional?

La preposición es una categoría gramatical con función relacionante; debido a ello, los sintagmas preposicionales no pueden estar formados únicamente por su núcleo, sino que siempre están constituidos por una preposición más su complemento. El complemento de una preposición, que es obligatorio, recibe el nombre de *término*.

Así pues, la preposición es una clase de palabras que, funcionalmente, se caracteriza por establecer una relación de subordinación entre el término y otro constituyente del cual el sintagma preposicional es complemento. Desde un punto de vista semántico, la función de la preposición no consiste más que en indicar el tipo de relación que se establece entre el elemento rector y el término; sin embargo, desde un punto de vista sintáctico, las preposiciones se configuran como los auténticos núcleos de los sintagmas que introducen.

301 ¿Existen preposiciones que puedan usarse sin término?

En general, todas las preposiciones se deben construir con complemento. Únicamente *según* se puede usar aisladamente, sin término. Por ejemplo, cuando es respuesta a una pregunta:

–¿Te apetece venir al cine?
–**Según**. ¿Quién más va?

¿Qué tipos de complementos pueden funcionar
como término de una preposición?

Pueden ser término de una preposición un sintagma nominal,
una oración, un sintagma adjetivo y un adverbio.

▶ **Las preposiciones introducen generalmente un sintagma nominal:**

a los invitados   por tu culpa   de este lado

El sintagma nominal que introducen puede estar constituido por
un pronombre: *por eso, con nadie.*

 Algunos pronombres personales tienen una forma
especial cuando se usan como término de una
preposición (*mí, ti, sí,* etc.). Además, las formas
conmigo, contigo y *consigo* funcionan como un
sintagma preposicional introducido por *con.*

▶ **Pueden introducir una oración subordinada sustantiva**
(salvo las que únicamente indican lugar, como *bajo*), ya sea en
forma finita (con las conjunciones *si* o *que*) o con un infinitivo:

Estaba seguro **de que vendrías**.
Lo castigaron **por haber mentido**.
Lo preguntó **por si lo sabías**.

▶ **Pueden introducir un sintagma adjetivo.** En general, estos sintagmas ejercen la función de complemento predicativo:

Perdió **por imprudente**.   Lo tienen **por muy listo**.

▶ **Pueden introducir un sintagma adverbial** cuyo núcleo es
un adverbio pronominal o deíctico:

por aquí, para siempre, desde muy lejos, hasta mañana

¿Cómo se representa el análisis arbóreo
de un sintagma preposicional?

El análisis arbóreo de un sintagma preposicional se realiza como
sigue:

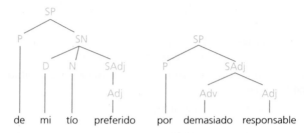

```
        SP
      /    \
    P       SN
    |      / | \
    |     D  N  SAdj
    |     |  |    |
    |     |  |   Adj
    de   mi tío preferido
```

```
            SP
          /    \
         P      SAdj
         |     /    \
         |   Adv     Adj
         |    |       |
        por demasiado responsable
```

304 ¿Las locuciones prepositivas también forman sintagmas preposicionales?

Las locuciones prepositivas son agrupaciones de palabras que funcionan conjuntamente como una única palabra. La locución es, pues, un todo indivisible que ejerce la función de una preposición. Por lo tanto, la locución se erige en el núcleo de un sintagma preposicional que toma como complemento su término:

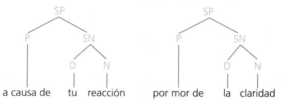

```
           SP
         /    \
        P      SN
        |     /  \
        |    D    N
        |    |    |
    a causa de  tu reacción
```

```
          SP
        /    \
       P      SN
       |     /  \
       |    D    N
       |    |    |
   por mor de  la claridad
```

EL SINTAGMA ADVERBIAL

305 ¿Qué es un sintagma adverbial y qué características tiene?

Un sintagma adverbial tiene como núcleo un adverbio. En ocasiones, está formado únicamente por un adverbio: *mañana, verdaderamente*. Sin embargo, los adverbios también pueden tener modificadores y, con menor frecuencia, complementos.

306 ¿Qué modificadores puede tener un adverbio?

Fundamentalmente, pueden actuar como modificadores adverbiales los adverbios que indican cantidad o grado. Modifican el núcleo del sintagma adverbial precediéndolo, de modo que el segundo adverbio del conjunto es el núcleo que aporta el significado básico del sintagma, mientras que el primero indica el grado con que se predica la propiedad que este designa:

bastante bien (donde el núcleo es *bien*)
muy deprisa (donde el núcleo es *deprisa*)

Con esta función, puede aparecer más de un adverbio cuantitativo: *bastante más deprisa.*

¿Qué adverbios pueden tener complementos?   307

Pueden tener complementos algunos adverbios en *-mente* derivados de adjetivos que a su vez tienen un complemento preposicional; el adverbio conserva el complemento del adjetivo de base:

posterior(mente) a tu intervención
paralela(mente) a la vía del tren

En general, la posibilidad de que el adverbio conserve el complemento preposicional del adjetivo de base a partir del cual se forma está muy restringida. Solo suelen admitir este tipo de complementos los adverbios que indican situación espacial *(paralelamente)* o secuencia temporal *(posteriormente, simultáneamente).*

¿Cómo se representa el análisis arbóreo   308
de un sintagma adverbial?

En forma arbórea, la estructura de un sintagma adverbial se representa como sigue:

EL SINTAGMA VERBAL

309 ¿Qué es un sintagma verbal?

Se da el nombre de sintagma verbal al sintagma que tiene como núcleo un verbo. Los verbos pueden tener muchos y muy diversos complementos, que en gran parte dependerán de la subclase a la cual pertenecen. Para realizar el análisis sintáctico del sintagma verbal es necesario, pues, conocer previamente el tipo de verbo que constituye su núcleo.

310 ¿Qué son un argumento y un adjunto?

Los complementos del sintagma verbal se dividen en argumentos y adjuntos.

▶ **Los argumentos vienen exigidos por el núcleo verbal,** de modo que un verbo dado se construye necesariamente con un determinado tipo de complemento argumental, cuya naturaleza semántica depende del verbo que lo selecciona. En muchas ocasiones, la aparición de los argumentos es obligatoria, de manera que los verbos no se pueden usar sin expresarlos:

*el problema consiste   *la ley establece

En otras ocasiones, sin embargo, los verbos pueden usarse sin alguno de sus argumentos, y tienen entonces un valor absoluto:

Juan lee. / Juan lee **libros**.
Mi vecino come. / Mi vecino come **macarrones**.

▶ **Los adjuntos, en cambio, no están exigidos por el núcleo verbal,** por lo que su presencia no es obligatoria. Por eso, siempre pueden suprimirse sin que la oración resulte agramatical. Además, un verbo puede poseer más de un adjunto, mientras que el número de argumentos posibles depende del verbo que es núcleo del sintagma verbal. El principal tipo de adjuntos lo constituyen los denominados complementos circunstanciales (CC), que indican las circunstancias en las que se desarrolla la acción que designa el verbo (tiempo, lugar, modo, etc.).

311 ¿Qué son un verbo predicativo y un verbo copulativo?

Según su naturaleza, los verbos se clasifican en predicativos y copulativos.

► **Un verbo predicativo tiene significado léxico pleno.** El verbo selecciona al sujeto y a los complementos, y expresa la participación del sujeto en un suceso o un proceso.

► **Un verbo copulativo es un verbo sin significado léxico pleno que sirve sólo como enlace entre el sujeto y un complemento.** El complemento del verbo copulativo recibe el nombre de atributo, y es el que aporta el significado principal de la oración:

Ernesto *es* profesor.   Tu hermano *está* cansado.
Marta ya *está* bien.   El médico *parece* simpático.

¿Cómo son las oraciones que tienen un verbo copulativo? `312`

En español, los verbos copulativos son *ser, estar* y *parecer*. Las oraciones en las que se usa un verbo copulativo se llaman oraciones copulativas. Desde el punto de vista del significado, estas oraciones caracterizan al sujeto atribuyéndole alguna propiedad o identificándolo como perteneciente a una clase de elementos.

¿Qué complementos llevan los verbos copulativos? `313`

Los verbos copulativos no pueden construirse con ninguno de los complementos argumentales propios de los verbos predicativos. En cambio, requieren necesariamente la presencia de un atributo (A). De hecho, el atributo no es un complemento del verbo, sino que constituye el predicado principal de la oración. En ocasiones, los verbos copulativos también admiten complementos circunstanciales, que son adjuntos cuya aparición no es obligatoria:

Juan está <u>insoportable</u> <u>por las mañanas</u>.
                 A   CC

¿Cuáles son los complementos que puede tener un verbo predicativo? `314`

Los verbos predicativos pueden construirse con una gran variedad de complementos, que se clasifican atendiendo a su función; es decir, al tipo de relación sintáctica y semántica que mantienen con el núcleo verbal. Son complementos argumentales de los verbos predicativos:

► El complemento directo (CD): *Juan come* **manzanas.**

► El complemento indirecto (CI): *Le di un libro **a Victoria**.*

► El complemento de régimen (CR): *Viene **de Zaragoza**.*

► El complemento agente (AG): *El problema ha sido resuelto **por los científicos**.*

315 ¿Pueden los verbos predicativos tener otro tipo de argumentos?

Algunos verbos predicativos también pueden tener un tipo de complementos, denominados complementos predicativos (CP), que expresan aspectos secundarios de la predicación; es decir, son adjuntos. Por su significado, se parecen mucho a los atributos de las oraciones copulativas, si bien aparecen con verbos predicativos, aportando un significado añadido al del verbo principal:

Pintó la puerta **verde**.   El río fluye **tranquilo**.

316 ¿Qué es el complemento directo (CD)?

El complemento directo es un complemento argumental de los verbos transitivos que expresa el ser o cosa sobre el que recae la acción del verbo. Cuando es de tercera persona, es pronominalizable por los pronombres personales *lo, la, los, las*:

Vi **el coche**. → **Lo** vi.
Vi **las casas**. → **Las** vi.

Cuando el verbo admite pasiva, el sintagma nominal que desempeña la función de CD en la oración activa es sujeto de la oración pasiva equivalente:

Han resuelto **el enigma**. → **El enigma** ha sido resuelto.
                                Se ha resuelto **el enigma**.

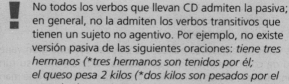

No todos los verbos que llevan CD admiten la pasiva; en general, no la admiten los verbos transitivos que tienen un sujeto no agentivo. Por ejemplo, no existe versión pasiva de las siguientes oraciones: *tiene tres hermanos (*tres hermanos son tenidos por él; el queso pesa 2 kilos (*dos kilos son pesados por el queso); el armario mide dos metros (*dos metros son medidos por el armario).* Debido a ello, la pasiva no es siempre una prueba que permita reconocer el CD.

¿Qué sintagmas pueden ejercer las funciones de complemento directo?

Pueden ejercer la función de complemento directo:

► **Un sintagma nominal;** su núcleo es un sustantivo que no designa una persona:

> Juan ha comprado *un coche nuevo.*   El niño ya ha leído *el cuento.*
> El alud arrasó *el pueblo entero.*   El viento oreó *sus cabellos.*

► **Un pronombre personal átono:** *me* y *nos* para la primera persona, *te* y *os* para la segunda, y *lo, la, los, las* para la tercera; además del reflexivo *se*:

> Tu compañera *lo* ha dicho.   Mis amigos *la* vieron en el cine.
> María *se* peina.   Juan *nos* saludó.

> Los pronombres *lo, la, los, las* aparecen también junto al verbo cuando el sintagma nominal o preposicional que desempeña la función de complemento directo se desplaza al primer lugar de la oración: **El coche**, *no* **lo** *he visto.* **Las casas**, *no* **las** *he visto.*

► **Un sintagma preposicional, con la preposición a,** cuando se refiere a personas; el núcleo puede ser un sintagma nominal o pronombre personal tónico:

> Juan saludó *al profesor de latín.*   Mis padres vieron *a tu novia.*
> La muchacha no aceptó *al enviado.*   *A mí* no me conoce.

> Cuando el CD es un sintagma preposicional cuyo núcleo es un pronombre personal tónico, es necesario que aparezca también un pronombre personal átono que lo reduplica: *no* **me** *conoce* **a mí**.

318 ¿Cómo se realiza el análisis arbóreo de un sintagma verbal con complemento directo?

Los siguientes sintagmas verbales poseen un CD:

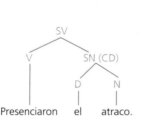
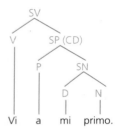

319 ¿Qué es el complemento indirecto (CI)?

Desempeña la función de complemento indirecto un sintagma preposicional, introducido por la preposición *a*, que expresa el destinatario o beneficiario de la acción del verbo. El término de la preposición es un sintagma nominal (que puede consistir en un pronombre personal tónico):

Hizo un regalo *a sus hijos*.   Te hizo un regalo *a ti*.

Cuando es de tercera persona, es pronominalizable por los pronombres *le* y *les:*

Juan dijo unas palabras *a los asistentes*. → Juan *les* dijo unas palabras.

Cuando un verbo tiene complemento indirecto suele ser siempre necesaria la presencia del pronombre personal átono característico de dicha función (*me* y *nos* para la primera persona, *te* y *os* para la segunda y *le* y *les* para la tercera). Este pronombre se usa, incluso, en muchas ocasiones en que también aparece el sintagma preposicional, que desempeña esta misma función:

Le di el regalo *a Juan*. *Nos* entregó las llaves *a nosotros*

320 ¿Qué verbos pueden llevar un complemento indirecto?

El CI es complemento de dos tipos de verbos distintos:

▶ **Verbos transitivos, que poseen además un CD:**

Le dio un regalo **a su madre**. Le compró un libro **a su profesor**.

▶ Verbos intransitivos que, por lo tanto, no poseen CD; el sujeto suele estar pospuesto al verbo:

Me duele la cabeza.   **A Ernesto le** gusta el chocolate.

¿Cómo se distinguen el complemento directo
y el complemento indirecto?

321

Cuando el CD designa una persona, la presencia de la preposición *a* puede llevar a confundirlo con un CI, dado que este último siempre es un sintagma preposicional con *a* cuyo término es un sintagma nominal que designa una persona. Para distinguirlos, debe tenerse en cuenta lo siguiente:

▶ **El CD solo lleva *a* cuando el referente es una persona o elemento personificado,** pero no tiene esta preposición en caso contrario: *quiero un perro; quiero **a** mi perro.*

▶ **El CI siempre se sustituye por el pronombre *le*, *les*,** mientras que el CD se sustituye por *lo, la, los, las*:

CD: *vi a María* → *la vi.*
CI: *di un libro a María* → *le di un libro.*

> Los hablantes leístas usan el pronombre *le* en lugar de *lo* como pronombre para el CD. Es un fenómeno extendido en la pronominalización de complementos que designan personas en masculino singular. Para estos hablantes, la sustitución por un clítico no es una prueba que permita distinguir el CD del CI.

Algunos verbos admiten un complemento introducido por la preposición *para* que, como el CI, también expresa el destinatario de la acción verbal:

He comprado el libro **para su madre**.
Ha hecho un dibujo **para su profesor**.

Sin embargo, estos complementos no son propiamente un CI, dado que:

▶ no se pueden sustituir por el pronombre *le* o *les,* característico de esta función;

▶ pueden coaparecer con un auténtico complemento indirecto:

Le he comprado el libro **a Miguel para su madre.**

323 ¿Qué son los dativos no argumentales?

Resulta posible expresar, mediante los pronombres que habitualmente se usan para la función de CI (los llamados pronombres de dativo), complementos del verbo que no son argumentales; es decir, que no están seleccionados por el verbo:

▶ **El dativo posesivo indica el poseedor del objeto sobre el que recae la acción del verbo:** *se le ha parado el reloj.*

▶ **El dativo ético expresa una vinculación emocional del hablante:** *el niño no me come.*

▶ **El dativo de relación indica la persona que evalúa una situación:** *no le parece adecuado.*

Estos complementos comparten la mayor parte de características del indirecto, pero se diferencian de él en la medida en que no están seleccionados por el verbo; no son, pues, complementos argumentales.

324 ¿Cómo se realiza el análisis arbóreo de un sintagma verbal con complemento indirecto?

En forma arbórea, el análisis de un sintagma verbal que posee un complemento indirecto se representa como sigue:

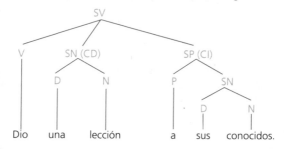

¿Qué es un complemento regido o de régimen (CR)? **325**

El complemento de régimen es un sintagma preposicional que está exigido por el verbo. Los verbos que exigen este tipo de complementos se denominan verbos de régimen. Se trata de verbos como *hablar (de), depender (de), acceder (a),* etc. La preposición que introduce el complemento regido por un verbo de régimen varía en función de este último; aunque un verbo de régimen exige siempre la misma preposición.

Habló *de cine.*	Pensaba *en tonterías.*
Conversó *sobre su biblioteca.*	Desiste *de su intento.*

¿Cómo se diferencia el complemento de régimen de otros complementos? **326**

El complemento de régimen no se puede sustituir por ningún pronombre. Ello permite distinguirlo del CD y del CI. Además, a diferencia de estos complementos, puede ser un sintagma preposicional introducido por preposiciones muy variadas, mientras que el CD y el CI solo pueden estar introducidos por *a.*

Por otro lado, se distingue de los complementos circunstanciales porque es exigido por el verbo; es decir, es el verbo el que determina cuál será la preposición que llevará el complemento. Se trata, en definitiva, de un complemento argumental; a diferencia de los circunstanciales, que son adjuntos.

¿Los verbos de régimen pueden llevar otros complementos? **327**

Algunos verbos de régimen tienen únicamente un complemento de régimen: *hablar, pensar, desistir...* Otros, en cambio, son verbos transitivos que, además del CD, exigen un complemento de régimen preposicional:

introducir (algo *en* algún sitio)
llenar (un recipiente *con* algo)

¿Cómo se realiza el análisis arbóreo de un sintagma verbal con complemento de régimen? **328**

La representación en forma arbórea de un sintagma verbal con un complemento de régimen se hace como sigue:

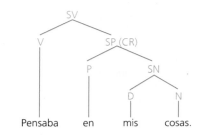

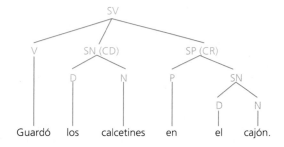

329 ¿Qué es el complemento agente (AG)?

El complemento agente es un complemento propio de las construcciones pasivas que indica el agente de la acción. Siempre adquiere la forma de un sintagma preposicional con *por:*

> Juan fue piropeado *por su novia.*
> Fue absuelto *por el Juez.*

Se corresponde con el sujeto de la oración activa:

> *Miguel* riñó a María. → María fue reñida *por Miguel.*

 En ocasiones, el complemento agente toma la forma de un sintagma preposicional con *de;* aunque en la actualidad esta construcción es infrecuente: *temido* ***de todos.***

¿En qué tipo de construcciones puede aparecer un complemento agente? `330`

El complemento agente puede aparecer en oraciones pasivas con el verbo *ser,* pero no en oraciones pasivas reflejas (las formadas con el pronombre *se).* También pueden tener complemento agente los participios:

> *Admirado por los profanos* y *estudiado por los expertos,* la «Mona Lisa» es el cuadro más famoso de Leonardo Da Vinci.

¿Qué es un atributo (A)? `331`

El atributo es un complemento propio de los verbos copulativos (*ser, estar* y *parecer).* Estos verbos poseen muy poca carga semántica, de modo que el contenido semántico fundamental del sintagma verbal lo aporta el atributo; el verbo no funciona más que como una cópula que relaciona el sujeto con el atributo.

El atributo es sustituible por el pronombre neutro *lo:*

> Juan es *así.* → Juan *lo* es.
> No es *quien dice ser.* → No *lo* es.

¿Qué categorías pueden ejercer la función de atributo? `332`

Puede ejercer la función de atributo:

un sintagma nominal	Juan es *un buen muchacho.*
un sintagma adjetivo	Juan parece *muy interesante.*
una oración subordinada de relativo	El ganador es *quien más puntos obtenga.*
un participio	El problema está *resuelto.*
un sintagma adverbial (de modo)	Yo soy *así.*
un sintagma preposicional	Juan es *de Sevilla.*

Cuando el atributo es un adjetivo o un participio, concuerda en género y número con el sujeto:

El niño está cansad**o**.	La niña está cansad**a**.
Los niños están cansad**os**.	Las niñas están cansad**as**.

333 ¿Puede existir un atributo si no hay un verbo?

Dado que los verbos copulativos poseen muy poca carga semántica, en ocasiones pueden suprimirse:

El ganador, quien más puntos obtenga.

En estos casos, se habla de oraciones nominales. Este tipo de oraciones son muy frecuentes en los titulares de periódicos.

334 ¿Qué son los verbos pseudocopulativos?

Son verbos pseudocopulativos predicados como *quedarse, ponerse, llamarse, resultar,* etc. Se trata de verbos que tienen una construcción muy similar a la de los copulativos, puesto que exigen la presencia de un atributo que tiene un valor semántico similar al de los propiamente copulativos (predica una propiedad del sujeto). Además, si es un participio o un adjetivo, concuerda con el sujeto en género y número:

Los niños se pusieron *tristes.*
La explicación no resultó *clara.*

Sin embargo, se diferencian de los verbos propiamente copulativos en lo siguiente:

▶ **Su atributo no se puede pronominalizar con lo:**

La oración *se puso triste* no se puede transformar en *se lo puso;* aunque es gramatical, tiene un sentido distinto.

▶ **Algunos de ellos se pueden construir con un CD;** en tal caso, son verbos transitivos que describen una acción:

ponerse un jersey (frente a *ponerse triste*)
seguir la corriente (frente a *seguir enfadado*)

335 ¿Qué es el complemento circunstancial (CC)?

El complemento circunstancial es un complemento adjunto, propio de los sintagmas verbales, que expresa la circunstancia en que se desarrolla la acción del verbo.

▶ **Su presencia es opcional;** de modo que, si se elimina, la oración resultante sigue estando bien formada (aunque tenga un significado distinto).

Vi a María **en el parque.** → Vi a María.
Entrevistarán al presidente **mañana.** → Entrevistarán al presidente.

▶ **El número de complementos circunstanciales que puede tener un verbo es teóricamente ilimitado,** mientras un verbo solo puede tener un único CD, CI o CR:

Me encontré a Juan el domingo en el mercado con su mujer.
                CC   CC   CC

¿Qué sintagmas pueden ejercer la función de complemento circunstancial? `336`

Pueden ejercer esta función:

▶ **Un sintagma preposicional:**

Llegó *de repente.*   Peleó *por conseguirlo.*

▶ **Un sintagma adverbial:**

Volveré *luego.*   Lo hizo *correctamente.*

▶ **Un sintagma nominal con significado temporal:**

Lo compraré *el lunes.*   Te visitará *otro día.*

¿Qué significados pueden tener los complementos circunstanciales? `337`

Los significados que pueden tener los complementos circunstanciales son muy diversos. Los tipos más frecuentes son los siguientes:

SIGNIFICADO	EJEMPLO	SIGNIFICADO	EJEMPLO
lugar	Lo encontró *en casa.*	**causa**	Lo hago *por ti.*
tiempo	Llegó *tarde.*	**instrumento**	Lo abrió *con un abrelatas.*
modo	Lo resolvió *correctamente.*	**finalidad**	Ahorro *para una bicicleta.*
compañía	Fue al cine *con unos amigos.*	**cantidad**	Tose *mucho.*

338 ¿Cómo se realiza el análisis arbóreo de un sintagma verbal con un complemento circunstancial?

El análisis en forma arbórea de un sintagma verbal que posee un complemento circunstancial se realiza como sigue:

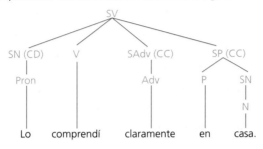

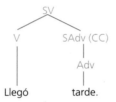

339 ¿Qué es el complemento predicativo (CP)?

El complemento predicativo es un complemento que modifica de forma simultánea al verbo (generalmente indicando modo) y a un sintagma nominal.

Pintaron **rojas** las ventanas.   Sirvieron **fría** la comida.

340 ¿Qué sintagmas pueden desempeñar la función de complemento predicativo?

Pueden desempeñar la función de complemento predicativo:

► **Los sintagmas adjetivos:**

El niño dormía *feliz*.   Trajeron *muy caliente* la sopa.

► **Los participios:**

Me comí *asada* la carne.   Antonio llegó *cansado* a casa.

► Los gerundios:

El niño venía *silbando*. Vi la casa *ardiendo*.

► Algunos sintagmas preposicionales:

Carlos entró *de peón* en la obra. Trabaja *de aprendiz* en un taller.

Los adjetivos y participios concuerdan en género y número con el sustantivo al que complementan.

¿Qué tipos de complementos predicativos existen? `341`

Los predicativos modifican siempre a un sintagma nominal. Según la función sintáctica que desempeña este sintagma, se distinguen:

► **Predicativo de sujeto:**

Juan corría *feliz.*

► **Predicativo de CD:**

Pintaron la puerta *verde.*

¿Los complementos predicativos son adjuntos o argumentos? `342`

En general, los complementos predicativos son opcionales. Sin embargo unos pocos verbos, como *considerar, nombrar, declarar, volver, tener,* etc., exigen un predicativo del complemento directo:

Considero a Juan **inteligente.** Volvió **loco** a Juan.
Tiene las manos **sucias.** Nombró **jefe** a Pablo.

En estos casos, el predicativo no se puede omitir (o bien, su omisión altera el significado de la oración).

¿En qué se asemeja el complemento predicativo al complemento circunstancial y al atributo? `343`

Los predicativos son complementos que comparten propiedades tanto con los complementos circunstanciales como con los atributos.

► **Como los complementos circunstanciales, son adjuntos;** debido a ello, son opcionales (es decir, se pueden omitir).

▶ **Como los atributos, son predicados que modifican a un sintagma nominal.** La función semántica que el predicativo tiene respecto al sintagma nominal que modifica es muy similar a la que desempeña un atributo respecto al sujeto de una oración copulativa, puesto que expresa una propiedad o un estado relativo a este sintagma nominal.

344 ¿Cómo se realiza el análisis arbóreo de un sintagma verbal con un complemento predicativo?

En el análisis en forma arbórea de los complementos predicativos, se debe representar la doble función de modificación del verbo y de modificación del sintagma nominal. Habitualmente, se representa la naturaleza de modificador del verbo situando el predicativo dentro del sintagma verbal –es decir, como un complemento del verbo–, y se marca la modificación del sintagma nominal con un vector que, desde el predicativo, sale en su dirección:

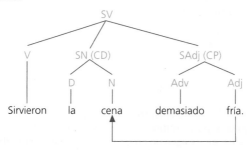

LA ORACIÓN

345

La **oración** es la unidad máxima del análisis sintáctico. Se caracteriza por ser una unidad sintáctica formada por la unión de un **predicado** y su **sujeto**. Es decir, la oración constituye el marco sintáctico en el que se establece la relación predicativa. Además, posee necesariamente un **verbo**. Salvo en las oraciones atributivas, este verbo constituye el núcleo del predicado.

¿El «sentido completo» o la «independencia sintáctica» son criterios válidos para definir el concepto de oración?

346

En ocasiones, para definir el concepto de oración se ha usado como criterio su independencia sintáctica o el hecho de que posea un sentido completo. Sin embargo, estas características no sirven siempre para reconocer qué es una oración. Por ejemplo, las oraciones subordinadas no poseen jamás autonomía sintáctica, y pese a ello son oraciones. En el discurso, también se usan a veces segmentos que sintácticamente no llegan a constituir oraciones y que, sin embargo, poseen sentido completo.

> —¿Estás de acuerdo?
> —Completamente.

LA ESTRUCTURA ORACIONAL

¿Qué son el sujeto y el predicado?

347

Las dos unidades sintácticas principales en las que se puede dividir una oración son el sujeto y el predicado. Los conceptos de sujeto y predicado designan dos funciones complementarias en una relación entre dos elementos.

▶ **El sujeto está constituido por un sintagma nominal,** que puede ser un nombre un elemento sustantivado, un pronombre o una oración, y designa la persona, animal o cosa de quien se dice algo en la oración.

▶ **El predicado está constituido por el sintagma verbal,** que se halla formado a su vez por el verbo y sus complementos, si se trata de un verbo predicativo, o por el verbo más el atributo (que es el núcleo semántico del predicado), si se trata de un verbo copulativo. Conforma un sintagma verbal que expresa lo que en la oración se dice del sujeto.

348 ¿La relación entre sujeto y predicado es sintáctica o semántica?

La relación entre sujeto y predicado es tanto sintáctica como semántica. Semánticamente, el predicado exige la presencia de un sujeto con unas determinadas características, y halla su sentido pleno cuando predica una acción, un proceso o un estado de dicho sujeto. Sintácticamente, la relación de sujeto y predicado se manifiesta en la existencia de concordancia: el sujeto es el sintagma nominal que, necesariamente, concuerda en persona y número con el verbo núcleo del predicado:

Miguel visitó la ciudad.   *Tus amigos* visitaron la ciudad.

349 ¿Cómo se reconoce el sujeto oracional?

El único criterio válido para reconocer el sujeto es la concordancia. Algunos estudios gramaticales tradicionales definen el sujeto como el sintagma nominal que indica la persona o cosa que realiza la acción del verbo o sobre la cual se dice algo. Según esta definición, el sujeto responde a la pregunta «¿quién?». Sin embargo, esta definición resulta poco apropiada, puesto que a veces no permite reconocer el sintagma nominal que desempeña la función de sujeto.

> Por ejemplo, los verbos como *gustar* o *aburrir* tienen un sujeto que designa la cosa que gusta o aburre, y no la persona a quien le gusta o aburre esa cosa.

350 ¿Todas las oraciones tienen sujeto?

Las oraciones impersonales no tienen sujeto. Todas las demás poseen un sujeto y un predicado. El sujeto puede, no obstante, no estar explícito.

> En *comes patatas,* el sujeto *(tú)* queda sobrentendido.

En las oraciones cuyo predicado principal es un gerundio o un infinitivo, la mención explícita del sujeto generalmente no es posible, de modo que queda implícito y se deduce por el contexto.

¿Qué tipos de predicados existen?

351

El predicado está compuesto por el sintagma verbal cuyo núcleo es el verbo principal de la oración. Desde un punto de vista semántico, se distinguen dos tipos de predicado:

▶ **El predicado verbal tiene como núcleo un verbo predicativo;** es decir, un verbo con contenido semántico pleno, que se erige en núcleo sintáctico (concuerda con el sujeto) y semántico (aporta el significado fundamental de la predicación) del predicado:

> Los niños **corren por el parque**. La tasa de inflación **ha decrecido**. Tu hermano **opina que no deberíamos hacerlo**.

▶ **El predicado nominal tiene como núcleo un verbo copulativo (*ser, estar* y *parecer*).** Estos verbos son semánticamente vacíos, de forma que el contenido semántico de la predicación lo aporta el atributo. En estas oraciones el verbo es el núcleo sintáctico de la predicación, ya que el sujeto concuerda en persona y número con él, mientras que el núcleo semántico de la predicación es el atributo, que predica una propiedad o estado del sujeto.

> Juan **está que se sube por las paredes**. Yo **soy de Málaga**. Ese hombre **parece extranjero**.

¿Cómo se realiza el análisis arbóreo de una oración?

352

La estructura básica subyacente a cualquier oración del español (salvo las impersonales) comprende siempre estos dos constituyentes: sujeto y predicado. Dado que suponen los dos elementos constitutivos máximos en los que se divide la oración, algunos autores los denominan *constituyentes inmediatos*.

En la representación arbórea, esta estructura básica en dos constituyentes inmediatos queda reflejada en el hecho de que el nudo máximo del árbol que engloba la oración se divide siempre en dos ramas, correspondientes: al sintagma nominal, que ejerce la función de sujeto, y al sintagma verbal, que constituye el predicado:

CLASIFICACIÓN DE LAS ORACIONES

353 ¿Qué criterios se utilizan para clasificar las oraciones?

Las oraciones se clasifican atendiendo a diversos criterios: su estructura interna, la presencia o ausencia de sujeto, la naturaleza del núcleo del sintagma verbal y la modalidad oracional.

CRITERIO DE CLASIFICACIÓN	TIPOS DE ORACIONES
estructura interna	simple compuesta compleja
presencia de sujeto	bimembre unimembre o impersonal
naturaleza del verbo	copulativa predicativa
modalidad oracional	aseverativa interrogativa exclamativa imperativa dubitativa desiderativa

Los cuatro criterios se pueden combinar. De modo que, por ejemplo, una oración puede ser simple en cuanto a su estructura interna, bimembre si se atiende al hecho de que posea o no sujeto, predicativa en función de la naturaleza de su verbo y aseverativa en relación con la modalidad.

354 ¿Cómo se clasifican las oraciones en función de su estructura interna?

En función de su estructura interna, las oraciones se clasifican en simples, compuestas y complejas.

▶ **Una oración simple está formada por un único sujeto y un único predicado.**

El profesor recogió los ejercicios.

▶ Una oración compuesta está formada por la unión de una o más oraciones simples que mantienen entre sí una relación de igualdad jerárquica:

| El profesor recogió los ejercicios | y | encargó otra tarea. |

Oración simple   Oración simple

Oración compuesta

▶ Una oración compleja está formada por más de una oración simple, y una de ellas está subordinada a la otra, de la que depende jerárquicamente.

El profesor ha preguntado quién había hecho los ejercicios.

Oración simple (subordinada)

Oración compleja

¿Cómo se clasifican las oraciones en función de la presencia de sujeto? `355`

En función de si poseen o no sujeto, las oraciones se clasifican en:

▶ **Oraciones bimembres:** resulta posible reconocer un sujeto y un predicado, aunque el sujeto pueda quedar implícito o recibir una interpretación genérica.

▶ **Oraciones unimembres o impersonales:** en ellas no existe sujeto.

¿Cómo se clasifican las oraciones en función de la naturaleza del verbo? `356`

En función de la naturaleza del verbo que es núcleo del sintagma verbal, se distinguen:

▶ **Oraciones copulativas:** están formadas por un verbo copulativo más un atributo.

▶ **Oraciones predicativas:** su predicado es un sintagma verbal que tiene como núcleo un verbo predicativo. El tipo de verbo predicativo que tiene como núcleo determinará su estructura. Así que este tipo de oración conoce diversos subtipos.

357 ¿Cómo se clasifican las oraciones en función de la modalidad oracional?

En virtud de la modalidad oracional, las oraciones se clasifican en:

▶ **Oraciones aseverativas:** niegan o afirman algo de forma objetiva.

▶ **Oraciones interrogativas:** expresan una pregunta.

▶ **Oraciones exclamativas:** expresan una exclamación.

▶ **Oraciones imperativas:** transmiten una orden o mandato.

A estas cuatro modalidades básicas, algunos autores añaden, además, las siguientes:

▶ **Oraciones dubitativas:** indican duda o probabilidad respecto al contenido de la oración.

▶ **Oraciones desiderativas:** expresan un deseo.

LA ORACIÓN SIMPLE 358

Una **oración simple** es una oración formada por la unión de un único **predicado** verbal con su correspondiente **sujeto**. Se distingue de las oraciones compuestas y de las complejas, que contienen varios predicados verbales con sus respectivos sujetos.

¿Cómo se clasifican las oraciones simples? 359

Las oraciones simples se organizan atendiendo a los mismos criterios que se utilizan para clasificar todas las oraciones, excepto la estructura interna: presencia de sujeto, naturaleza del verbo y modalidad oracional.

 Los mismos criterios que sirven para clasificar las oraciones simples pueden usarse también para establecer las diversas oraciones que componen una oración compuesta, o para clasificar una oración compleja que contiene alguna cláusula subordinada.

CLASIFICACIÓN EN VIRTUD DE LA EXISTENCIA DEL SUJETO

¿Cómo se clasifican las oraciones en virtud de la existencia o ausencia de sujeto? 360

Según si poseen o no sujeto, las oraciones se dividen en bimembres y en unimembres o impersonales. Las primeras tienen siempre un sujeto, explícito o implícito, mientras que en las segundas no se puede expresar jamás el sujeto.

¿Cómo es una oración bimembre? 361

La oración bimembre presenta la estructura básica de sujeto + predicado. El predicado puede ser de diverso tipo ya sea un predicado verbal cuyo núcleo es un verbo predicativo, ya sea un predicado nominal en una oración copulativa. Sea del tipo que sea, no obstante, este predicado exige siempre un sujeto.

En ocasiones, el sujeto es explícito:

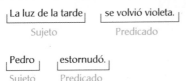

En otras ocasiones, el sujeto queda implícito, y se recupera gracias al contexto de uso o a la flexión verbal. En estos casos hablamos de sujeto elíptico:

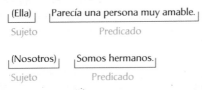

362 ¿Cómo es una oración unimembre o impersonal?

La oración impersonal (también llamada oración unimembre) carece de sujeto. A diferencia de las oraciones bimembres con sujeto elíptico, el sujeto de una oración impersonal no es jamás recuperable; es decir, no existe ningún referente del mundo del cual se predique la acción, proceso o estado que designa el verbo. En las oraciones impersonales, el verbo siempre está en tercera persona del singular.

Las oraciones impersonales se construyen siempre con verbos impersonales.

363 ¿Cómo se distingue una oración con sujeto elíptico de una oración impersonal?

Es importante no confundir las oraciones con sujeto elíptico con oraciones impersonales:

▶ **Una oración con sujeto elíptico es una oración bimembre,** no una oración impersonal. Es decir, los predicados de las oraciones bimembres siempre se predican de un sujeto, aunque este permanezca implícito. Por eso, siempre que sea posible reconocer un sujeto del cual se predica el predicado estaremos ante una oración bimembre.

► **Una oración impersonal no tiene nunca sujeto.** No es, pues, posible reconocer un referente del cual se predica la acción, estado o proceso que predica el verbo.

¿Tienen sujeto los infinitivos?

364

En las oraciones subordinadas cuyo verbo está en infinitivo, a veces no es posible expresar el sujeto. No obstante, de ello no podemos concluir que se trate de una oración impersonal, pues la acción que designa este predicado se atribuye necesariamente a alguien, que es su sujeto.

> En la oración *Pedro prefería ir al concierto,* no podemos hacer explícito ningún sintagma nominal que exprese el sujeto de *ir al concierto.* Sin embargo, entendemos necesariamente que hay alguien que va al concierto: *Pedro* (o un conjunto que lo incluye). Por tanto, se trata de una oración con sujeto elíptico, aunque dicho sujeto no se pueda hacer explícito.

¿Cómo se realiza el análisis arbóreo de una oración impersonal?

365

El análisis de las oraciones impersonales en dos constituyentes inmediatos, correspondientes al sujeto y al predicado, resulta problemático, puesto que siempre carecen de sujeto. Por eso, algunos autores proponen un análisis para estas oraciones que reconoce un único constituyente, el SV:

Llueve.

Sin embargo, parece preferible proponer para las impersonales un análisis según el cual la oración se divide en dos constituyentes: un sintagma verbal y un sintagma nominal sujeto. El sujeto está ocupado por una categoría que es semánticamente y fonológicamente vacía, pero que posee rasgos gramaticales de persona y número. Por eso, el verbo aparece en tercera persona del singular: porque concuerda en persona y número con este sujeto vacío. Se trata, así pues, de un sujeto meramente sintáctico:

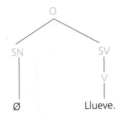

Los autores que consideran que las oraciones impersonales no poseen sujeto las analizan como oraciones unimembres: proponen que la oración tiene un único constituyente, el SV. Solo estos autores utilizan la denominación *oración unimembre*.
En cambio, los autores que suponen que existe un sujeto con rasgos gramaticales, pero sin contenido semántico, afirman que todas las oraciones del español son bimembres.

366 ¿Qué es la impersonalidad semántica?

La llamada impersonalidad semántica se da en oraciones de sujeto elíptico con interpretación genérica. Se trata de oraciones en las que el verbo está flexionado en una forma personal distinta de la que se usa en las auténticas impersonales (la tercera persona del singular), y en las que se omite el sujeto. Este recibe una interpretación genérica o indefinida: se sobreentiende que existe un sujeto humano no expresado, que no alude a ninguna persona concreta sino a alguien indeterminado.

Son las oraciones que se construyen con:

▶ **Verbos en segunda persona del singular:**

Hoy día vas por la calle con miedo.
Hay días en los que nada te sale bien.

▶ **Verbos en primera personal del plural:**

A veces hablamos porque sí.
Nos preocupamos demasiado por el dinero.

▶ Verbos en tercera persona del plural:

Llaman a la puerta.   Mañana me dan el alta.

Sin embargo, se trata de oraciones cuyo verbo se predica de un sujeto, aunque este tenga un referente desconocido por el hablante. Gramaticalmente, no son pues oraciones impersonales.

CLASIFICACIÓN SEGÚN LA NATURALEZA DEL VERBO

¿Qué tipo de oraciones existen según la naturaleza del verbo?

`367`

Según la naturaleza del verbo, las oraciones se clasifican en copulativas o atributivas y en predicativas.

¿Cómo es una oración copulativa?

`368`

Una oración copulativa (o *atributiva*) se forma con un verbo copulativo (*ser, estar* y *parecer*). El verbo copulativo constituye el núcleo sintáctico del predicado, puesto que concuerda en persona y número con el sujeto. No obstante, desde el punto de vista semántico, el núcleo del predicado es el atributo:

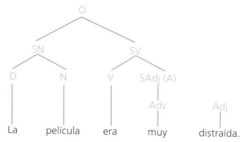

Además del atributo, los verbos copulativos pueden llevar complementos circunstanciales, pero nunca pueden tener los complementos propios de los verbos predicativos (CD, CI, AG, CR y CP).

369 ¿Cómo es una oración predicativa?

La oración predicativa tiene como núcleo un verbo predicativo; es decir, un verbo que no sea copulativo. Las oraciones predicativas se clasifican atendiendo a un rasgo gramatical que la gramática tradicional asociaba exclusivamente al verbo, pero que en realidad afecta a toda la estructura oracional: la denominada voz. La voz informa acerca de la relación semántica que establece el verbo con su sujeto y con sus complementos. Esto es, depende de cuál es el papel semántico del sujeto oracional: *agente* (quien desempeña la acción verbal) o *paciente* o *tema* (la persona o cosa sobre la que recae dicha acción).

370 ¿Qué son una oración activa y una oración pasiva?

La voz permite oponer las oraciones activas a las pasivas:

▶ **En la voz activa, el sujeto sintáctico es el agente de la acción,** y el complemento que expresa el paciente o tema desempeña la función de objeto directo.

La empresa   adquirió   esos terrenos.
Suj. = agente   OD = tema

▶ **En la voz pasiva, el complemento que expresa el paciente o tema de la acción ejerce la función de sujeto oracional;** el agente puede no mencionarse, o bien aparecer como un complemento introducido por la preposición *por* (AG):

Esos terrenos   fueron adquiridos   (por la empresa).
Suj. = tema   SP (AG)

371 ¿Cómo es una oración activa?

En una oración activa, el verbo que constituye el núcleo del predicado está en voz activa. La estructura de una oración activa depende de los complementos que exija el verbo predicativo que tiene como núcleo. En función de ello, se distinguen las oraciones transitivas de las intransitivas.

372 ¿Cómo es una oración activa con verbo transitivo?

Las oraciones transitivas tienen como núcleo del predicado un verbo transitivo; es decir, un verbo que exige un complemento directo:

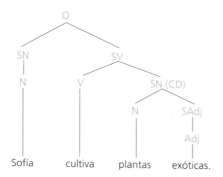

Sofía · cultiva · plantas · exóticas.

¿Pueden las oraciones activas con verbo transitivo elidir el complemento directo? **373**

En algunas ocasiones, un verbo transitivo puede omitir el complemento directo:

   Los niños comen.   Tu hermano escuchaba.   El profesor leía.

En tales casos, se dice que el verbo tiene un uso absoluto, y funciona como si fuera un verbo intransitivo.

Además de tener un complemento directo, ¿las oraciones activas con verbo transitivo pueden tener otros argumentos? **374**

En las oraciones transitivas, el verbo puede tener otros complementos además del directo, como por ejemplo un complemento de régimen, un complemento predicativo o un complemento circunstancial.

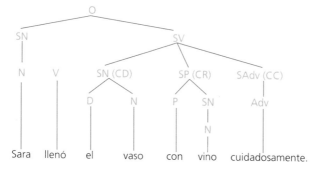

Sara · llenó · el · vaso · con · vino · cuidadosamente.

También puede tener un complemento indirecto; en tal caso, hablamos de una oración bitransitiva:

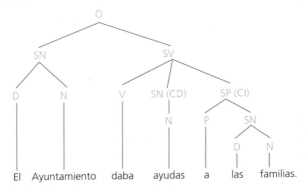

375 ¿Cómo son las oraciones intransitivas?

Son oraciones intransitivas aquellas en las que el verbo no tiene complemento directo:

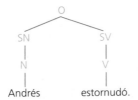

376 ¿Los verbos intransitivos pueden tener complementos?

Un verbo intransitivo puede tener complementos distintos del CD como, por ejemplo, un complemento indirecto, un complemento circunstancial, un complemento de régimen o un complemento predicativo:

```
                              O
                 ┌────────────┴────────────┐
                SN                          SV
        ┌────────┼────────┐          ┌──────┼──────────┐
        D        N        SP         V    SP (CR)   SAdv (CC)
        │        │     ┌──┴──┐       │   ┌──┴──┐        │
        │        │     P     SN      │   P     SN      Adv
        │        │     │     │       │   │     │        │
        │        │     │     N       │   │     N        │
        │        │     │     │       │   │     │        │
        El     primo   de  Juan     fue   a   París    ayer.
```

¿Cómo es una oración pasiva? 377

En una oración pasiva, el verbo está en voz pasiva. En este tipo de oraciones, el complemento que expresa el paciente o tema de la acción ejerce la función de sujeto oracional; en la oración activa correspondiente, ese mismo complemento ejerce la función de objeto directo.

Según el modo como se construye, se distinguen:

▶ **La pasiva perifrástica.** Se construye con el verbo *ser* seguido del participio del verbo correspondiente. Este tipo de oraciones pasivas puede llevar un complemento agente, expresado con un sintagma preposicional introducido con la preposición *por*:

Las causas del terremoto fueron estudiadas por un equipo de expertos.

▶ **La pasiva refleja.** Se construye con el verbo conjugado en forma activa precedido del pronombre *se*. Las pasivas reflejas no admiten nunca complemento agente:

Se estudiaron las causas del terremoto.

¿Cómo se analiza una pasiva perifrástica? 378

El análisis arbóreo de una pasiva perifrástica se realiza como sigue:

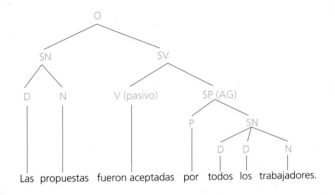

Las propuestas fueron aceptadas por todos los trabajadores.

> Algunos gramáticos consideran que una oración pasiva perifrástica es una oración copulativa cuyo atributo es un participio. Según estos gramáticos, el complemento agente es un complemento del participio, y no del verbo pasivo.

379 ¿Cómo se analiza la pasiva refleja?

El análisis arbóreo de una pasiva perifrástica se realiza como sigue:

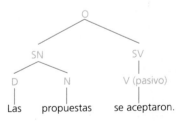

Las propuestas se aceptaron.

380 ¿Qué usos tiene el *se* en español cuando no es un pronombre personal?

La forma *se* posee en español diversos usos. En algunos de ellos, es un pronombre personal átono de tercera persona. Cuando no es un pronombre personal o no forma parte de un verbo pronominal, interviene en una serie de estructuras que son a menudo fáciles de confundir.

▶ **Pasivas reflejas.** Son oraciones con significado pasivo. Tienen siempre sujeto, que expresa el paciente o tema de la acción del verbo y que concuerda con el verbo en persona y número:

La propuesta se aceptó.   Las propuestas se aceptaron.

▶ **Oraciones impersonales.** Carecen de sujeto. En el caso de que aparezca un sintagma nominal que exprese el paciente o tema de la acción, el verbo no concuerda con él:

Se perseguirá al infractor.   Se perseguirá a los infractores.

Mientras que las pasivas reflejas solo se pueden formar a partir de verbos transitivos (es decir, de verbos que poseen CD), es posible poner en forma impersonal cualquier tipo de verbo:

Verbo copulativo: *Aquí se está bien.*
Verbo intransitivo: *En España se vive de maravilla.*
Verbo transitivo (con CD): *A Juan, se lo necesita mucho.*

▶ **Oración media.** Se trata de una construcción que comparte características con las pasivas reflejas y con las impersonales. La admiten solo unos pocos verbos transitivos, generalmente con la forma *se,* aunque a veces también sin ella. En las oraciones medias, el sujeto es el mismo complemento que desempeñaría la función de CD en la oración transitiva correspondiente; es decir, es un sintagma nominal que expresa el paciente o tema. Sin embargo, el verbo no es pasivo, y la interpretación que recibe la oración media es distinta de la que recibe una pasiva: el significado es siempre es el de una acción producida de forma espontánea, sin la intervención de un agente.

ORACIÓN ACTIVA	ORACIÓN MEDIA
Los rayos asustan **a Juan.**	**Juan** se asusta.
Los vendedores suben **los precios.**	**Los precios** suben.

CLASIFICACIÓN SEGÚN LA MODALIDAD ORACIONAL

381 ¿Qué es la modalidad oracional?

La oración simple se puede clasificar atendiendo a la actitud psicológica del emisor frente a lo que dice (expresa una duda, un deseo, una certidumbre, etc.). La expresión lingüística de esta actitud afecta a toda la oración y recibe el nombre de *modalidad*. Tradicionalmente, las oraciones se clasifican en virtud de ello en aseverativas, interrogativas, exclamativas e imperativas. Cada una de estas modalidades oracionales tiene una entonación propia. Además de estas cuatro modalidades básicas, se distinguen también la modalidad dubitativa y la desiderativa.

382 ¿Cómo son las oraciones aseverativas?

Las oraciones aseverativas, también llamadas oraciones enunciativas u oraciones declarativas, se usan para afirmar o negar algo de forma objetiva. El emisor acepta como cierto lo que afirma.

Las tropas enemigas asaltaron la ciudad.
Esta es una oración aseverativa.

383 ¿Cómo son las oraciones interrogativas?

Cuando el emisor desconoce algún hecho, y le pregunta al receptor sobre él para obtener una respuesta, usa una oración interrogativa. En función del aspecto de la oración sobre el que se pregunta, se distinguen:

▶ **Interrogativas parciales.** En ellas, la interrogación afecta tan solo a un elemento de la oración. Suelen usar pronombres o adverbios interrogativos:

¿Quién ha dicho esa injuria?
¿Qué has hecho este fin de semana?

▶ **Interrogativas totales.** La interrogación que expresan afecta a la oración completa. No se usan pronombres o adverbios interrogativos:

¿Has dormido bien?   ¿Tienes hora?
¿Conoces a Juan?   ¿Quieres más café?

¿Qué son una oración interrogativa directa y una oración interrogativa indirecta?
La modalidad oracional interrogativa afecta a toda la oración. Las oraciones independientes (no subordinadas) con modalidad oracional interrogativa reciben el nombre de oraciones interrogativas directas. Se oponen a las denominadas oraciones interrogativas indirectas, que son oraciones subordinadas con sentido interrogativo:

No sé **si lo sabe.**   Me pregunto **qué ha ocurrido.**

Aunque las interrogativas indirectas tienen un sentido interrogativo, la modalidad oracional del la oración principal suele ser aseverativa. Por ello, en rigor, la modalidad interrogativa solo se da en oraciones interrogativas directas.

Las oraciones interrogativas indirectas también pueden ser totales *(no sé **si ha venido**)* o parciales *(no sé **quién ha venido**).*

¿Cómo son las oraciones exclamativas?
385
Una oración exclamativa se usa para expresar la subjetividad sentimental del emisor (ilusión, decepción, etc.). En la lengua escrita, estas oraciones suelen representarse entre signos de exclamación:

¡Vete a la porra!   ¡Qué feliz me hace esto!

¿Cómo son las oraciones imperativas?
386
Las oraciones imperativas, también llamadas oraciones exhortativas, expresan un mandato u orden. Con ellas, el emisor espera obtener como respuesta una determinada actuación del receptor. Generalmente implican el uso del modo imperativo:

Abre la puerta.   Deja inmediatamente lo que estás haciendo.

¿Cómo son las oraciones dubitativas?
387
Las oraciones dubitativas expresan duda o probabilidad respecto al contenido de la oración. Esta modalidad se marca con el uso de adverbios o locuciones adverbiales *(quizá, probablemente, tal vez,* etc.), y usa el mismo patrón entonativo de las oraciones aseverativas.

Tal vez volvamos mañana.   Quizá tu hijo lo sepa.
Probablemente lo ha hecho él.

388 ¿Cómo son las oraciones desiderativas?

Las oraciones desiderativas se utilizan para expresar un deseo. A veces se introducen con la interjección *ojalá*; en otras ocasiones, se trata de oraciones complejas cuyo verbo principal expresa deseo (*espero, deseo,* etc.). Siguen el patrón entonativo de las oraciones aseverativas o de las exclamativas, y muchas veces implican el uso del modo subjuntivo:

Ojalá Mercedes me lo regale.
Espero que sea cierto.

LA ORACIÓN COMPUESTA O COORDINADA

Las **oraciones compuestas**, también llamadas oraciones coordinadas, están formadas por la unión de diversas oraciones simples que mantienen entre sí una relación de **igualdad jerárquica**. Para establecer la unión entre las diversas oraciones que forman una oración compuesta se usan **conjunciones** (o nexos conjuntivos) coordinantes.

¿Qué estructura tienen las oraciones compuestas?

390

La estructura de las oraciones coordinadas responde siempre al mismo esquema abstracto; si bien el número de oraciones simples que las forman puede ser mayor que dos, y en algunos casos puede haber un nexo de unión precediendo a las distintas oraciones que se coordinan:

Oración compuesta = O′ + nexo + O″

Este esquema abstracto es común a todos los diversos tipos de oraciones compuestas posibles, independientemente de cuál sea el número de oraciones que las formen o de cuál sea la relación semántica que se establezca entre ellas.

¿Qué es la yuxtaposición, y en qué se diferencia de la coordinación?

391

Se denomina yuxtaposición a la unión de diversos elementos lingüísticos (ya sean palabras, sintagmas u oraciones) sin ningún nexo de unión:

Es alta, rubia, muy atractiva.

La yuxtaposición puede afectar también a una serie de oraciones, que se denominan entonces oraciones yuxtapuestas :

Juega a baloncesto.   Hace escalada.   Le gusta nadar.

Las oraciones yuxtapuestas mantienen entre sí una relación semántica similar que las oraciones que forman una oración coordinada; sin embargo, una serie de oraciones yuxtapuestas no constituye una oración compuesta, puesto que se trata de oraciones sintácticamente independientes.

TIPOS DE ORACIONES COORDINADAS

392 ¿Qué tipos de oraciones coordinadas existen?

Las oraciones compuestas están formadas por dos o más oraciones simples unidas entre sí mediante conjunciones coordinantes. La relación que se establece entre las diversas oraciones que se coordinan depende del valor que tenga la conjunción empleada. Este valor es el que se utiliza para clasificar las oraciones compuestas, de modo que se distinguen cuatro tipos: las oraciones coordinadas copulativas, las distributivas, las disyuntivas y las adversativas.

393 ¿Cómo son las coordinadas copulativas?

Una oración coordinada copulativa es el resultado de la unión de diversas oraciones mediante una conjunción copulativa; es decir, *y* (que cambia a *e* ante una palabra que empiece por *i* o *hi*) y *ni* (forma negativa).

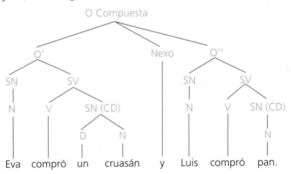

394 ¿Cómo son las coordinadas distributivas?

Las oraciones coordinadas distributivas resultan de la unión de dos o más oraciones mediante una conjunción o un nexo conjuntivo distributivo: *ora... ora..., ya... ya...,* etc.:

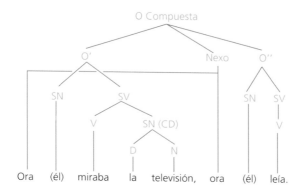

Ora (él) miraba la televisión, ora (él) leía.

¿Cómo son las coordinadas disyuntivas?

395

Las oraciones coordinadas disyuntivas utilizan como nexo conjuntivo la conjunción disyuntiva *o* (y su variante *u*):

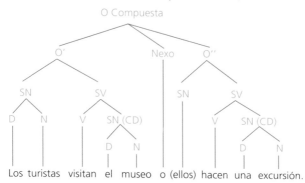

Los turistas visitan el museo o (ellos) hacen una excursión.

¿Cómo son las coordinadas adversativas?

396

Las oraciones coordinadas adversativas se construyen con una conjunción o un nexo conjuntivo adversativo: *mas, pero, empero, antes, sino (que), no obstante, sin embargo,* etc. Indican oposición o contraposición, total o parcial. Por ejemplo:

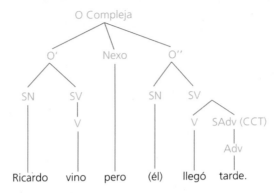

¿Las locuciones adversativas también forman oraciones coordinadas?

El mismo sentido que expresan las oraciones coordinadas adversativas se puede expresar también mediante el uso de locuciones adversativas (*no obstante, sin embargo,* etc.). Estas locuciones tienen un estatuto a medio camino entre las conjunciones y los enlaces extraoracionales. Debido a ello, en ocasiones pueden ir precedidas de otra conjunción: *Lo sé, y sin embargo no me acuerdo.* También pueden anteponerse a oraciones independientes: *Lo sé; sin embargo, no me acuerdo.* Por eso, la unión de oraciones por medio de estos nexos crea estructuras a medio camino entre la coordinación y la yuxtaposición.

LA ORACIÓN COMPLEJA 398

Una oración compleja está formada por dos o más oraciones que no tienen entre sí una relación de igualdad jerárquica. Es decir, una de las oraciones –que recibe el nombre de **subordinada**– mantiene una relación de dependencia sintáctica respecto a otra –denominada **principal**–. La oración subordinada depende sintácticamente de la oración principal, en la que desempeña un papel de complemento o de adjunto.

¿Cómo se clasifican las oraciones subordinadas que forman parte de una oración compleja? 399

Las oraciones subordinadas se clasifican atendiendo a la función que ejercen en el seno de la oración principal en que aparecen:

▶ La **oración subordinada sustantiva** desempeña la función propia de un sintagma nominal.

▶ La **oración subordinada adjetiva (o de relativo)** desempeña la función propia de un sintagma adjetivo.

▶ La **oración subordinada adverbial** desempeña la función propia de un sintagma adverbial.

▶ La **oración subordinada adverbial impropia** establece con la oración principal una relación de causa-consecuencia (real o potencial).

Cada uno de estos tipos de oraciones se divide en diversos subtipos:

ORACIÓN SUBORDINADA	FUNCIÓN	CLASIFICACIÓN
sustantiva o completiva	Ejerce las funciones propias de los sintagmas nominales.	de sujeto de complemento directo de atributo término de preposición: CR, CC, complemento del nombre, complemento de un adjetivo

ORACIÓN SUBORDINADA	FUNCIÓN	CLASIFICACIÓN
adjetiva o de relativo	Ejerce las funciones propias de un sintagma adjetivo (complemento de un nombre).	explicativas especificativas
adverbial	Ejerce las funciones propias de un sintagma adverbial (CC); puede sustituirla un adverbio.	de tiempo de lugar de modo
adverbial impropia	Indica una relación de causa-consecuencia (real o potencial).	causales consecutivas condicionales finales concesivas comparativas

 ¿Cómo son las subordinadas con el verbo en forma personal y el verbo en forma no personal?

Las oraciones subordinadas pueden tener tanto un verbo conjugado en forma personal como un verbo en una forma no personal (infinitivo, gerundio y participio):

▶ **Con el verbo conjugado en forma personal, están siempre introducidas por un nexo subordinante.** El catálogo de estos nexos depende del tipo oración subordinada y de la relación que mantenga con la principal: conjunciones subordinantes, y pronombres y adverbios interrogativos y relativos.

▶ **Con una forma no personal del verbo, la oración subordinada no suele llevar nexo introductorio:**

Quiere **volver a su casa.**   Lo vi **saliendo del metro.**

No obstante, algunas oraciones subordinadas con verbo no personal están introducidas por un nexo subordinante:

Lo puse aquí **para decorar.**   No sabe **cuando ir.**

LA ORACIÓN SUBORDINADA SUSTANTIVA

¿Qué son las oraciones subordinadas sustantivas? **401**

Las oraciones subordinadas sustantivas, también llamadas oraciones completivas, desempeñan en el interior de la oración principal funciones propias de los sintagmas nominales. Suelen ser sustituibles por un sintagma nominal o un pronombre que ejerce la misma función sintáctica que la oración:

No me gusta **que me interrumpan.** → No me gustan **las interrupciones.**

¿Qué funciones pueden desempeñar las oraciones subordinadas sustantivas? **402**

Las subordinadas sustantivas pueden desempeñar las funciones propias de los sintagmas nominales:

▶ Sujeto:

Que no lo sepas es sorprendente.

▶ Complemento directo:

Todo el mundo esperaba **que lo contaras.**

▶ Término de preposición:

Insiste en **que se lo digamos.**

Cuando la oración subordinada es término de una proposición, el sintagma preposicional en el que aparece ejerce alguna de las funciones características de tal tipo de sintagmas: complemento de régimen, complemento circunstancial, complemento de un sustantivo y complemento de un adjetivo.

Las funciones de atributo, de complemento indirecto y de complemento agente solo las pueden desempeñar oraciones subordinadas de relativo sustantivadas:

Atributo: Manuel es **quien te lo preguntó.**

Complemento indirecto: Dáselo **a quien te lo pida.**

Complemento agente: La vacuna fue presentada **por quienes la descubrieron.**

¿Cómo se reconocen las oraciones subordinadas sustantivas?

Las subordinadas sustantivas se pueden sustituir en muchas ocasiones por un nombre o un sintagma nominal, por un demostrativo neutro (*esto, eso* o *aquello*) o por el pronombre *lo*. La función que tiene la oración subordinada coincide con la que desempeña el sintagma nominal por el que se sustituye:

No me ha gustado **que intervinieras de este modo.** → No me ha gustado **tu intervención.** (Sujeto)

Han accedido a **que vengas.** → Han accedido a **eso.** (CR)

No tolero **que me falten al respeto.** → No **lo** tolero. (CD)

 ¿Las oraciones subordinadas sustantivas pueden tener un verbo en forma no finita?

Las oraciones completivas pueden tener el verbo conjugado en una forma personal, pero este también puede presentar una forma no finita. La única forma no finita que puede formar subordinadas sustantivas es el infinitivo. Los infinitivos pueden construirse sin nexo, pero pueden asimismo estar introducidos por un nexo subordinante:

Quiere **venir.**   Duda **si venir.**

LAS SUBORDINADAS SUSTANTIVAS CON VERBO NO FINITO

 ¿Qué nexos introducen subordinadas sustantivas con verbo finito?

Cuando el verbo está conjugado en una forma personal, funcionan como nexos subordinantes que introducen oraciones completivas las conjunciones subordinantes *que* y *si* y los pronombres o adverbios interrogativos (*quién, qué, cuándo, cómo,* etc.). El uso de unos nexos u otros depende de la modalidad oracional.

▶ **Cuando se introduce una oración aseverativa, se usa siempre la conjunción *que*.**

Quiere **que se lo digas.**   Opino **que no.**
Me parece **que no es así.**   Creemos **que será positivo**

▶ **Para introducir una oración interrogativa indirecta se usan la conjunción *si* y los pronombres y adverbios interrogativos.** La primera introduce interrogativas indirectas totales, mientras que los pronombres y adverbios interrogativos se usan en las interrogativas parciales:

Pregunta **si se lo dirás.**   Pregunta **cuándo se lo dirás.**
Pregunta **quién se lo dirá.**   Pregunta **qué es mejor.**

¿Cómo se distingue una subordinada sustantiva con *si* de una oración condicional?

406

Las oraciones completivas que se introducen mediante la conjunción *si* no deben confundirse con las oraciones subordinadas adverbiales condicionales.

▶ **Las subordinadas sustantivas desempeñan una función sustantiva en la oración principal,** y son sustituibles por un SN:

No sé **si vendrá.** → No sé **algo**; no **lo** sé. (= CD)

▶ **Las oraciones condicionales no se pueden sustiuir por un SN ni desempeñan una función en la oración principal;** además, poseen un sentido condicional del que carecen las subordinadas sustantivas:

Si lo hubiera sabido, no habría venido.
Se lo diré yo, **si te parece bien.**

¿Qué función ejerce el nexo de una oración subordinada sustantiva?

407

Cuando se usa una conjunción (*que* y *si*), esta funciona únicamente como nexo subordinante. En cambio, un adverbio interrogativo o un pronombre interrogativo tienen una doble naturaleza: por un lado, son nexos subordinantes, y como tales introducen una oración subordinada; por otro, como adverbios o pronombres que son, desempeñan una función adverbial (complemento circunstancial) o nominal (sujeto, complemento directo, etc.) en el interior de la oración subordinada:

No quiso decirme **quién vendría**. → *Quién* es el sujeto de *venir*.

No quiso decirme **qué sabía**. → *Qué* es el CD de *saber*.
No quiso decirme **dónde lo conoció**. → *Dónde* es un CC de *conoció.*

408 ¿Cómo se reconoce la función de un pronombre o de un adverbio interrogativo?

Para reconocer la función que el pronombre o adverbio interrogativo desempeña en el seno de la oración subordinada, se puede transformar la oración subordinada en una oración principal en la que el pronombre interrogativo se sustituya por un sintagma nominal (o un pronombre), y el adverbio interrogativo se sustituya por un sintagma preposicional o un adverbio. La función que este constituyente desempeña en la nueva oración es la misma que el interrogativo realiza en la subordinada:

No quiso decirme *quién vendría.* → *Alguien / Juan* vendría. (Sujeto)
No quiso decirme *qué sabía.* → Sabía *una cosa / algo.* (CD)
No quiso decirme *dónde lo conoció.* → Lo conoció *en un bar / allí.* (CC)

Cuando el pronombre o el adverbio desempeñan dentro de la oración subordinada la función de término de una preposición (son, por ejemplo, CI, CR o CC), dicha preposición los precede:

CD de persona: No sé *a* quién conoce.
CR: No sé *de* qué me hablas.
CI: No sé *a* quién le dio el paquete.

En la transformación que se hace para reconocer la función que tiene el interrogativo en la oración subordinada, esta misma preposición precede al sintagma por el que se sustituye el pronombre o el adverbio interrogativo:

No sé *a* quién conoce. → Conoce *a* alguien.
No sé *de* qué me hablas. → Me hablas *de* algo.
No sé *a* quién le dio el paquete. → Le dio el paquete *a* alguien.

409 ¿Cómo se realiza el análisis arbóreo de una oración subordinada sustantiva con verbo finito?

En el análisis arbóreo de una oración subordinada introducida por un pronombre o un adverbio interrogativo, se debe reflejar la doble naturaleza que poseen estas piezas léxicas. Por ello, en la subordinada debe aparecer el nudo correspondiente a la función que el interrogativo desempeña en la misma, si bien este nudo estará ocupado por una categoría vacía.

La oración compleja *Juan ignoraba qué había pasado* contiene una oración subordinada que desempeña la función de CD de la principal *(lo ignoraba)*. Esta subordinada está introducida por un pronombre interrogativo *(qué)*, que funciona como nexo y que, al mismo tiempo, ejerce la función de sujeto del verbo subordinado *(había pasado **algo**)*.

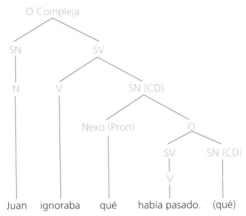

O Compleja
SN — SV
N — V — SN (CD)
Nexo (Pron) — O
SV — SN (CD)
V

Juan   ignoraba   qué   había pasado.   (qué)

LAS SUBORDINADAS SUSTANTIVAS DE INFINITIVO

¿Las oraciones subordinadas de infinitivo tienen nexo?   **410**

Cuando el verbo de la oración subordinada está en infinitivo, puede no usarse ningún nexo introductorio:

Quiere **venir**.   Parece **saber mucho sobre el tema**.

En las oraciones interrogativas indirectas, se puede usar la conjunción *si* o un pronombre o adverbio interrogativo:

No sabe **si pedírselo**.   No sabe **cómo pedírselo**.
No sabe **cuándo pedírselo**.

Cuando se usa la conjunción *si,* esta funciona únicamente como nexo subordinante. En cambio, en las oraciones introducidas por pronombres o adverbios interrogativos, estas piezas léxicas tienen la misma doble naturaleza adverbial o pronominal y de nexo que cuando introducen una oración con verbo finito.

411 ¿Tienen sujeto las oraciones subordinadas de infinitivo?

El sujeto del verbo en infinitivo no se puede expresar. Sin embargo, no se trata de oraciones impersonales, sino de oraciones con sujeto elíptico. Esto es, existe siempre un sujeto, del cual se predica la acción, proceso o estado que denota el predicado; pero dicho sujeto no se expresa. El sujeto suele tener el mismo referente que algún sintagma nominal del la oración principal (sujeto, complemento directo o complemento indirecto), que varía en función de cuál sea el verbo de dicha oración principal:

> **Juan** quiere (**Juan**) venir.
> Indujo **a María** a (**María**) fumar.
> **Me** asusta venir (**yo**).

412 ¿Son oraciones subordinadas las perífrasis verbales de infinitivo?

Dado que muchas perífrasis verbales se construyen con un verbo en infinitivo, en ocasiones se pueden confundir las perífrasis verbales con las oraciones subordinadas sustantivas de infinitivo. Sin embargo, se trata de estructuras lingüísticas distintas.

▶ **Las perífrasis constituyen un único predicado;** el verbo en infinitivo aporta el significado nuclear de la predicación (designa la acción o proceso que se predica del sujeto), mientras que el primer verbo de la secuencia solo aporta un matiz de significado aspectual (inicio de la acción, reiteración, acción concluida, etc.).

> La secuencia *acaba de llegar* está constituida por dos verbos (*acabar* y *llegar*), pero con ella se describe una única acción: la acción de llegar. El verbo acabar, que se usa en la perífrasis, únicamente aporta el significado aspectual de acción recién realizada.

▶ **En una oración subordinada sustantiva de infinitivo, los dos verbos poseen significado léxico pleno;** se predican dos acciones o procesos distintos.

> La secuencia *desea irse* no es una perífrasis, sino una oración compleja que contiene una subordinada completiva de infinitivo. Es decir, se predican dos acciones: el sujeto *desea* algo (predicado 1), y ese algo es *irse* (predicado 2).

¿Cómo se realiza el análisis arbóreo de una subordinada de infinitivo?

Un infinitivo constituye siempre una oración subordinada completiva. Su sujeto está, salvo en unos pocos casos, implícito. Si está introducido por un pronombre o un adverbio interrogativo, este tiene doble naturaleza: adverbial o pronominal y de nexo.

La oración *ya sabe dónde ir* es una oración compleja que incluye una subordinada sustantiva de infinitivo *(dónde ir)*. La subordinada desempeña la función de CD del verbo principal. Está introducida por un adverbio interrogativo *(dónde)*, que funciona como nexo subordinante y que, además, ejerce la función de complemento circunstancial de tiempo del verbo subordinado. Este último se halla en infinitivo, por lo que tiene un sujeto elíptico que posee el mismo referente que el sujeto de la oración principal, que también está elíptico.

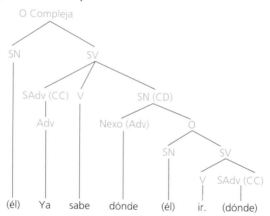

ANÁLISIS DE LAS ORACIONES SUBORDINADAS SUSTANTIVAS

¿Cómo se analiza una oración subordinada sustantiva de sujeto?

La oración subordinada sustantiva desempeña la función de sujeto oracional:

Es sorprendente **que opines esto.**

Consumir alcohol en exceso es perjudicial.

Me gusta **que la gente sea sincera.**

Dado que las oraciones no tienen flexión, no resulta posible aplicar la prueba de la concordancia para determinar cuál es el sujeto de la oración principal. Un modo de hacer la prueba consiste en sustituir la oración subordinada por un sintagma nominal, y verificar que dicho sintagma es el sujeto, dado que concuerda en persona y número con el verbo.

Me gusta *que la gente sea sincera.* → Me gusta *esto.* / Me gusta**n** *estas cosas.*

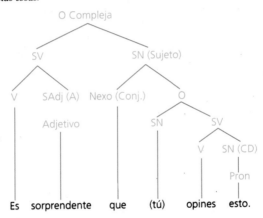

415 ¿Cómo se analiza una oración subordinada sustantiva de complemento directo?

La oración subordinada sustantiva desempeña la función de CD del verbo de la oración principal:

Juan soñó **que volaba.**   Pedro preguntó **si estaban.**

Eva sabía **qué haría.**   Tu hermana odia **perder.**

Para reconocer la función que la oración completiva desempeña en relación con la principal, se puede aplicar la prueba de pronominalización: la oración subordinada se puede sustituir por el pronombre *lo*:

Quiere que se lo digas. → *Lo quiere.*

Preguntó si Ana estaba en casa. → *Lo preguntó.*

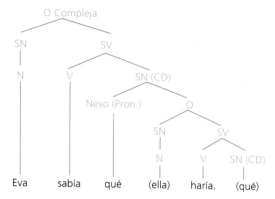

Eva   sabía   qué   (ella)   haría.   (qué)

¿Cómo se analiza una oración subordinada sustantiva
de complemento de régimen? **416**

La oración subordinada es término de una preposición. El conjunto que forman la preposición más la oración completiva constituye un sintagma preposicional regido por el verbo de la oración principal:

> María se olvidó **de que yo la esperaba.**
> Raúl confiaba **en que sería así.**

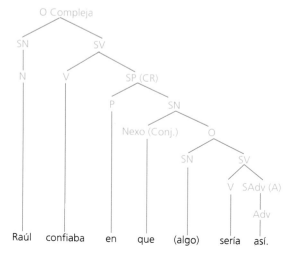

Raúl   confiaba   en   que   (algo)   sería   así.

En la actualidad, especialmente en la lengua oral, se elimina en ocasiones la preposición regida que precede a la oración subordinada: *insistía que era cierto; se olvidó que la esperaba.* Es un fenómeno conocido como queísmo. A pesar de que está muy extendido, la Real Academia no lo admite.

417 ¿Cómo se analiza una oración subordinada sustantiva de complemento circunstancial?

La oración subordinada sustantiva es término de una preposición. El conjunto que forman la preposición más la oración completiva constituye un sintagma preposicional que desempeña la función de complemento circunstancial del verbo principal:

Irene lo hizo **sin que lo supiéramos**.
Lo comentaré **con quien me inspire confianza**.
Lo ha hecho **sin decírnoslo**.

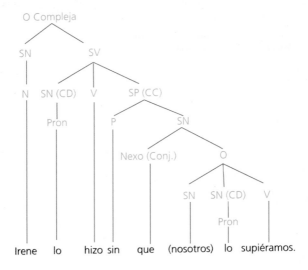

¿Existen oraciones subordinadas sustantivas de todos los tipos de complementos circunstanciales posibles? **418**

No todos los complementos circunstanciales posibles se pueden expresar mediante una oración subordinada sustantiva. Los que indican nociones de lugar, tiempo y modo se expresan con subordinadas adverbiales: los que indican nociones de finalidad, causa, consecuencia, etc., lo hacen mediante oraciones adverbiales impropias.

¿Cómo se analiza una oración subordinada sustantiva de complemento del nombre? **419**

La oración subordinada sustantiva es término de una preposición, que introduce un sintagma preposicional que desempeña la función de complemento del nombre:

Tiene miedo **de que sea verdad.**
No perdía la esperanza **de acertar la quiniela.**
Tenía dudas **de si llegaría a tiempo.**

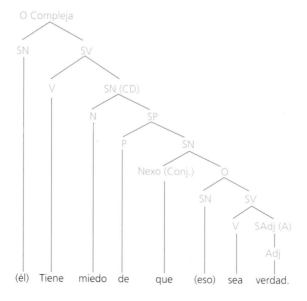

420 ¿Cómo se analiza una oración subordinada sustantiva de complemento de un adjetivo?

La oración subordinada es término de una preposición. El conjunto de la preposición más la oración completiva constituye un sintagma preposicional que desempeña la función de complemento de un adjetivo:

Estoy contento **de que estés conmigo.**
Se sentía satisfecho **de saberlo siempre todo.**
Juan estaba harto **de que lo molestaran.**

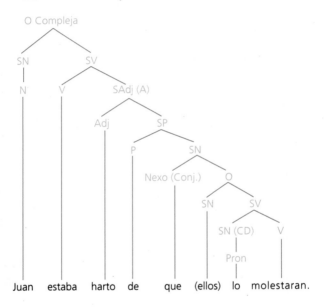

LA ORACIÓN SUBORDINADA ADJETIVA O DE RELATIVO

421 ¿Qué es una oración subordinada adjetiva o de relativo?

Las oraciones subordinadas adjetivas, también llamadas oraciones de relativo o relativas, ejercen la función propia de un sintagma adjetivo: complemento del nombre.

¿Qué antecedentes puede tener una oración de relativo?

422

Generalmente, el antecedente de una oración de relativo es un nombre. Sin embargo, en ocasiones, el antecedente puede pertenecer a otra categoría:

▶ **Un sintagma nominal:** *Me ha recetado **diversos medicamentos homeopáticos,** los cuales he de tomar en ayunas.*

▶ **Una oración:** ***Le gusta el café**, lo cual es normal.*

▶ **Un adverbio:** *Iré **allí** donde me manden.*

¿Las subordinadas de relativo pueden tener un antecedente implícito?

423

Como los adjetivos, las oraciones de relativo pueden sustantivarse. Cuando ello ocurre, no tienen antecedente explícito; de modo que este recibe una interpretación genérica (cualquier elemento de la realidad que cumpla las condiciones especificadas en la oración subordinada) o queda sobrentendido por el contexto.

¿Cómo se sustantivan las oraciones de relativo?

La sustantivación de las oraciones adjetivas se lleva a cabo mediante la anteposición del artículo determinado *(el, la, los, las, lo)* al pronombre relativo *que* o con el uso del pronombre *quien:*

> **El que quiera hablar** puede hacerlo.
> **Quien bien te quiere** te hará llorar.

Las oraciones relativas sustantivadas ejercen las funciones propias de las oraciones subordinadas sustantivas (sujeto, complemento directo, atributo, etc.):

> **Sujeto:** **Quien no pueda venir** debe avisar.
> **Atributo:** Clara es **quien lo hizo**.

A ellas se añade la posibilidad de ser término de preposición en el sintagma nominal que ejerce la función de complemento indirecto o de complemento agente:

> **CI:** Entrega el paquete **a quien te dijimos**.
> **AG:** Juan fue engañado **por quien consideraba su amiga**.

425 ¿Qué nexos introducen las oraciones de relativo?

Las subordinadas adjetivas están introducidas por un pronombre relativo (*que, el cual, quien, cuanto* y *cuyo*) o por un adverbio relativo (*adonde, donde, cuando, como* y *cuanto*).

426 ¿Cómo se analizan los nexos que introducen las oraciones de relativo?

Los pronombres y adverbios relativos son unidades lingüísticas con una naturaleza doble:

▶ **Son nexos que introducen una oración subordinada,** que es complemento de un sustantivo de la oración principal: su antecedente. El pronombre y el adverbio tienen el mismo referente que su antecedente.

▶ **Desempeñan una función sintáctica en la oración que introducen.** Los pronombres relativos desempeñan las funciones características de los pronombres (sujeto, complemento directo, etc.), mientras que los adverbios relativos ejercen funciones adverbiales (complemento circunstancial).

427 ¿Cómo se reconoce la función de los pronombres y adverbios relativos?

Para reconocer la función que el adverbio o el pronombre relativo desempeñan en la oración subordinada que introducen, se suele transformar dicha oración en una oración simple independiente, en la cual el pronombre o el adverbio se sustituyen por su antecedente. La función que este tenga en la oración simple es la misma que tiene el nexo subordinante en la oración compleja:

La ciudad *a donde voy es grande.* → *Voy a una ciudad.* (CR)

428 Tipos de oraciones subordinadas de relativo

En función del tipo de modificación que ejercen sobre el sustantivo, las subordinadas de relativo se dividen en *especificativas* y *explicativas*.

▶ **Las oraciones de relativo especificativas (también denominadas *restrictivas*) especifican el referente del antecedente:** seleccionan un subconjunto de objetos en el conjunto de objetos que designa el sustantivo; es decir, restringen el referente del antecedente a aquellos elementos de la realidad que cumplen las características especificadas en la cláusula subordinada. Estas oraciones forman un único grupo fónico con su antecedente, y en la lengua escrita no se separan entre comas:

Van a arreglar la calles **que están viejas**.
Los árboles **que se helaron** son cerezos.

▶ **Las oraciones de relativo explicativas (también llamadas *apositivas*) informan sobre alguna cualidad del antecedente,** pero no restringen el conjunto de elementos de la realidad a los que el sustantivo se refiere. En la lengua oral se pronuncian entre pausas, y en la lengua escrita se separan entre comas:

Van a arreglar las calles, **que están viejas**.
Los árboles, **que se helaron**, son cerezos.

¿Qué características tienen las oraciones de relativo especificativas?

429

Las oraciones de relativo especificativas tienen el siguiente comportamiento sintáctico:

▶ **Pueden tener el verbo en infinitivo:**

Siempre encuentra muchas cosas **que hacer**.
Están buscando un lugar **donde rodar la película**.

▶ **Cuando tienen el verbo en forma personal, este puede estar tanto en indicativo como en subjuntivo.** El indicativo se usa cuando el antecedente designa un objeto conocido por el hablante, mientras que el subjuntivo se utiliza cuando el antecedente designa un objeto desconocido por el hablante:

Me he comprado un piso **que tiene vistas al mar**.
Busco un piso **que tenga vistas al mar**.

▶ **No pueden nunca ser adyacentes de un pronombre personal y tienen muchas restricciones para aparecer con nombres propios.** Con estos últimos, solo son posibles cuando se considera que el nombre propio designa diversas realidades que se pueden diferenciar, y no una única realidad.

En la oración *la España que conocieron nuestros abuelos tiene poco que ver con la España actual,* el nombre propio *España* alude a dos realidades distintas separadas por el tiempo.

430 ¿Qué características tienen las oraciones de relativo explicativas?

Las oraciones de relativo explicativas tienen el siguiente comportamiento sintáctico:

► Solo pueden construirse con un verbo flexionado en forma personal del modo indicativo.

► Pueden tener como antecedente tanto un pronombre personal como un nombre propio:

Quédatelo tú, **que lo sabrás apreciar mejor**.
Carlos, **a quien conociste el otro día**, es profesor.
Rusia, **que ha sufrido un violento temporal**, sigue en alerta.

431 ¿Cómo se realiza el análisis arbóreo de una oración compleja que contiene una subordinada de relativo?

Las oraciones de relativo funcionan como complementos de un nombre. El adverbio o pronombre relativo que las introduce es, además de nexo subordinante, una palabra que realiza una función en la oración subordinada que introduce:

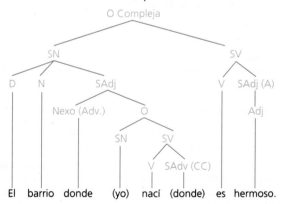

LA ORACIÓN SUBORDINADA ADVERBIAL

432 ¿Qué es una oración subordinada adverbial?

Las subordinadas adverbiales son oraciones subordinadas que realizan funciones propias de un sintagma adverbial: son complementos circunstanciales de tiempo, lugar o modo. Equivalen a un adverbio deíctico temporal (*aquí, ahí, allí, allá*, etc.), locativo (*ahora, mañana, anoche, entonces,* etc.) o modal *(así),* y son sustituibles por este adverbio:

> Lo encontré **donde me dijiste.** → Lo encontré **allí.**
> Nos avisó **cuando le ocurrió.** → Nos avisó **entonces.**
> Lo ha hecho **como le has dicho.** → Lo ha hecho **así.**

En ocasiones, la oración subordinada es término de una preposición, que introduce el sintagma preposicional que actúa como complemento circunstancial:

> Seguiremos buscándolo **hasta cuando tú digas.**
> Vengo andando **desde donde me ha dejado el autobús.**

¿Qué nexos pueden introducir las subordinadas adverbiales?

`433`

Las oraciones subordinadas adverbiales están generalmente introducidas por un adverbio relativo: *cuando* para las de tiempo, *donde* para las de lugar y *como* para las de modo. En ocasiones, también pueden estar introducidas por conjunciones y locuciones conjuntivas temporales *(mientras, en cuanto...)* o de modo *(según, conforme, tal y como).*

¿Qué función ejerce el adverbio relativo?

`434`

El adverbio relativo tiene una función doble: es un nexo subordinante, a la vez que realiza una función dentro de la oración subordinada.

> En la oración *Ana lo encontrará cuando llegue,* la oración subordinada *cuando llegue* es complemento circunstancial de tiempo de *encontrará.* El adverbio que la introduce, *cuando,* funciona como nexo subordinante, y además desempeña la función de complemento circunstancial de tiempo del verbo de la subordinada *(llegue).*

¿Qué función ejercen las conjunciones que introducen subordinadas adverbiales?

`435`

Las subordinadas adverbiales de tiempo y de modo pueden estar introducidas por conjunciones y nexos conjuntivos:

▶ **De tiempo:** *mientras, según, en cuanto, tan pronto como, apenas, a medida que,* etc.

> Lo supe **mientras venía.**   Lo supe **en cuanto llegué.**

▶ **De modo:** *según, conforme* y *tal y como.*

Lo contaré **según me lo han contado.**
Lo contaré **tal y como me lo han contado.**

Estas conjunciones no realizan función alguna dentro de la oración subordinada que introducen; tan solo son un nexo subordinante.

436 ¿Las subordinadas con antecedente explícito son subordinadas adverbiales?

Cuando los adverbios relativos introducen oraciones con un antecedente explícito, estas oraciones son subordinadas adjetivas que ejercen la función de complemento del nombre. No son pues subordinadas adverbiales:

El pueblo **donde nací** es pequeño.
El modo **como lo supe** es sorprendente.

437 ¿Las oraciones subordinadas adverbiales pueden tener un verbo no finito?

La misma noción de tiempo que expresan las oraciones subordinadas temporales se puede expresar mediante una oración subordinada adverbial que contiene un verbo en una forma no personal (infinitivo, gerundio y participio). Las oraciones adverbiales de gerundio y participio no usan ningún nexo subordinante; las de infinitivo, en cambio, están introducidas por *al.*

La oración puede aparecer tras el verbo principal o a principio de oración:

▶ **Tras el verbo principal, lo modifica ejerciendo la función de complemento circunstancial de tiempo:**

Lo vimos **saliendo del metro.**
Nos dimos cuenta de todo **al llegar Juan.**

▶ **En posición inicial, no modifica propiamente el verbo principal sino toda la oración.** Estas oraciones reciben el nombre de construcciones absolutas.

Al enterarse de aquello, decidieron cambiar de estrategia.

438 ¿Qué características tienen las construcciones absolutas?

Estas construcciones poseen las siguientes características:

► Tienen siempre valor temporal; a veces, añaden un matiz condicional:

> **Viajando en tren**, se aprecia mejor el paisaje.
> **Resueltos los problemas**, podemos empezar las obras.

► Están siempre separadas por una pausa, que en la lengua escrita se representa mediante una coma.

► A diferencia de otras construcciones con verbos no finitos, pueden expresar el sujeto. Cuando ello ocurre, aparece pospuesto al verbo:

> *Al contarnos* **Eva** *aquello,* comprendimos lo que había ocurrido.
> *Estando* **Pedro** *de viaje,* conoció a su mujer.

ANÁLISIS DE LAS ORACIONES SUBORDINADAS ADVERBIALES

¿Cómo se analiza una oración subordinada adverbial de tiempo?

439

Las oraciones subordinadas adverbiales de tiempo realizan la función de complemento circunstancial de tiempo. El adverbio relativo ejerce a la par la función de nexo subordinante y la de complemento circunstancial del verbo de la oración subordinada:

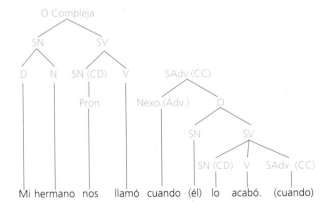

440 ¿Cómo se analiza una oración subordinada adverbial de lugar?

Las oraciones subordinadas adverbiales de lugar desempeñan, en la oración principal, la función de complemento circunstancial de lugar. Además de funcionar como nexos subordinantes, los adverbios relativos ejercen la función de complemento circunstancial de lugar del verbo subordinado:

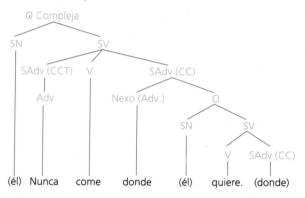

| (él) | Nunca | come | donde | (él) | quiere. | (donde) |

441 ¿Las subordinadas adverbiales de lugar son siempre un CC?

Generalmente, las subordinadas de lugar realizan la función de complemento circunstancial de lugar. Sin embargo, asimismo pueden ser complemento regido de un verbo (que generalmente indica dirección) o atributo de *estar:*

Iré **adonde tú quieras.**   Está **donde lo dejaste.**

Si las oraciones subordinadas son término de una preposición, esta aparece explícita:

Se fue **por** donde le dijimos.   Llegó **hasta** donde pudo.

 Cuando la preposición es *a,* habitualmente se utiliza como nexo subordinante el adverbio relativo *adonde (iré **adonde** me mandes)*; aunque en ocasiones se elide la preposición *(iré donde me mandes).*

¿Cómo se analiza una oración subordinada adverbial de modo?

442

Las subordinadas adverbiales de modo realizan la función de complemento circunstancial de modo. El adverbio relativo que las introduce ejerce la de complemento circunstancial del verbo subordinado:

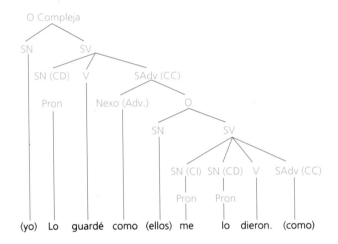

LA ORACIÓN SUBORDINADA ADVERBIAL IMPROPIA

¿Qué son las oraciones subordinadas adverbiales impropias?

443

La gramática tradicional suele denominar oraciones subordinadas adverbiales impropias a un conjunto de oraciones que indican nociones como causa o finalidad. El término *adverbiales* se les aplica porque su función es, como la de los adverbios, de complemento circunstancial. Sin embargo, se denominan *impropias* porque no existen en español adverbios que indiquen por sí solos estas nociones, sino que prototípicamente las desempeñan los sintagmas preposicionales.

¿Cómo se clasifican las subordinadas adverbiales impropias?

Las subordinadas adverbiales impropias se clasifican, según el significado que aportan, en seis clases.

SUBORDINADA	SIGNIFICADO	NEXOS
causales	Indican causa.	porque, dado que, puesto que, pues, ya que, como que, como quiera que, etc.
consecutivas	Indican consecuencia.	por (lo) tanto, luego, conque, por ello, así que, así pues, de modo que, de manera que, etc.
condicionales	Indican causa hipotética.	si, a condición (de) que, en caso (de) que, con solo que, siempre que, cuando, etc.
finales	Indican finalidad.	para que, a fin de que, a que, etc.
concesivas	Indican un hipotético impedimento.	aunque, por más que, a pesar (de) que, pese a que, si bien, etc.
comparativas	Indican una comparación que se inicia en la oración principal.	más... que, peor... que, tanto... como, etc.

 ¿Qué significado tienen las oraciones adverbiales impropias?

En las subordinadas adverbiales impropias, los acontecimientos que se expresan en la oración principal y en la oración subordinada mantienen entre sí una clara relación lógica de causa-consecuencia.

Tomemos dos acontecimientos: *regar* y *estar la tierra mojada.*

La realización del primero de los dos acontecimientos *(regar)* tiene como consecuencia la realización del segundo *(estar el suelo mojado)*; es su causa.

► Las causales expresan la causa real:

> La tierra está mojada *porque has regado.*

► Las consecutivas expresan la consecuencia real:

> Has regado, *así que la tierra está mojada.*

► Las condicionales expresan una causa hipotética:

> *Si regaras,* la tierra estaría mojada.

► Las finales expresan una consecuencia hipotética:

> Deberías regar *para que la tierra estuviera mojada.*

► Las concesivas expresan un acontecimiento que debería ser causa, pero que en este caso no ha producido el efecto esperable:

> La tierra no está mojada, *aunque has regado.*

ANÁLISIS DE LAS ORACIONES SUBORDINADAS ADVERBIALES IMPROPIAS

¿Cómo se analizan las oraciones subordinadas causales?

446

Una oración subordinada causal indica la causa o razón de lo expresado en la oración principal:

> La tierra está mojada **porque han regado.**
> **Como no me avisasteis,** no he podido venir.

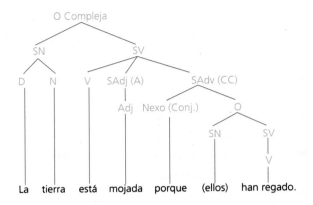

La tierra está mojada porque (ellos) han regado.

447 ¿Cómo se analizan las oraciones subordinadas consecutivas?

Las oraciones subordinadas consecutivas indican la consecuencia de lo que se expresa en la principal:

> Llegará tarde, **así que empezaremos sin él.**
> Lo había ensayado muchas veces, **conque lo acabé enseguida.**
> No tiene razón, **luego ha de rectificar.**

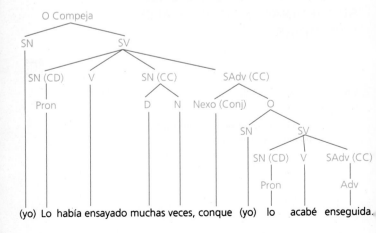

(yo) Lo había ensayado muchas veces, conque (yo) lo acabé enseguida.

En ocasiones, estos nexos adquieren el valor de enlaces extraoracionales. En tales casos, las dos oraciones mantienen entre sí una relación de yuxtaposición, o bien el nexo está precedido de una conjunción coordinativa: *No tengo dinero; por lo tanto, no lo puedo comprar. Está enfermo, y por ello debe guardar cama.*

¿Cómo se analizan las oraciones subordinadas condicionales?

448

Las oraciones subordinadas condicionales mantienen una relación condicional o hipotética respecto a la principal:

Si vienes a casa, veremos una película de vídeo juntos.
Te daré una galleta **a condición de que te acabes la cena.**
Si fuera rico, compraría muchas cosas.

 Se suele denominar *prótasis* a la oración subordinada, que indica la condición o hipótesis, y *apódosis* a la oración principal.

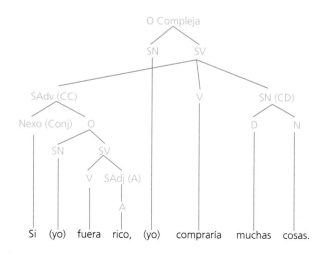

449 ¿Cómo se analizan las oraciones subordinadas finales?

Una oración subordinada final indica la finalidad o el objetivo de la acción expresada en la oración principal:

Ha escrito una carta de queja **para que le devuelvan el dinero**.
He venido **a que me cuentes la verdad**.

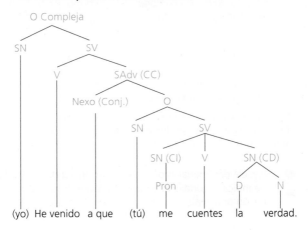

450 ¿Las oraciones finales pueden tener el verbo en infinitivo?

En muchas ocasiones las oraciones tienen el verbo en infinitivo. En tales casos, están introducidas por la preposición *para* (a veces también *por*) y por algunas locuciones prepositivas:

Hace gimnasia **para ponerse en forma**.
Salió antes **para llegar pronto**.

451 ¿Cómo se analizan las oraciones subordinadas concesivas?

Una oración subordinada concesiva indica una dificultad u obstáculo que no llega a impedir que suceda lo que se expresa en la oración principal. Es decir, expresa un acontecimiento que, en condiciones normales, debería producir un efecto contrario a lo que en realidad ha ocurrido:

Aunque estoy enfermo, iré a trabajar.
Iremos a la playa **aunque haga frío**.

212

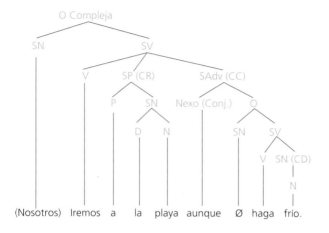

(Nosotros)	Iremos	a	la	playa	aunque	Ø	haga	frío.

¿Cómo se analizan las oraciones comparativas?

Las oraciones comparativas son subordinadas que expresan el grado que alcanza una magnitud o una cualidad. Modifican siempre un adjetivo, un sustantivo o un adverbio, que establece la base de la comparación:

Adjetivo: No es tan **listo** como parece.
Sustantivo: Hay tantos **platos** como comensales.
Adverbio: Está más **lejos** de lo que creía.

Las comparativas tienen una estructura relativamente compleja, pues están formadas por un determinante o un adverbio que indica cantidad, que generalmente precede a la base de la comparación, y por una oración subordinada. La suma del elemento cuantificador más la oración subordinada forma un único constituyente, que modifica a la base de comparación e indica el grado que se expresa.

De este modo, la correlación *más ... de lo que creía* expresa el grado que alcanza *lejos,* de forma similar a como lo haría un adverbio de grado como *muy* o *bastante:*

Está	más	lejos	de lo que creía.
	Cuantificador		O. subordinada

La oración subordinada que interviene en una estructura comparativa está siempre introducida por un nexo, que puede ser *que, como* o la preposición *de* seguida de un pronombre relativo *(del que, de la que, de los que, de las que, de lo que).*

453 ¿Qué tipos de oraciones comparativas existen?

Según su significado, se distinguen tres tipos de oraciones comparativas:

▶ **Las oraciones comparativas de igualdad** indican igualdad en el grado de dos magnitudes o cualidades. Se construyen con *tan/tanto ... como* o con *igual de ... que:*

Hay **tantos** ejemplares **como** esperábamos.
Es **igual de** interesante **que** su película anterior.

▶ **Las oraciones comparativas de superioridad** indican un grado superior en relación con otro punto de referencia. Se construyen con *más ... que, más ... de lo que* o con otros cuantificadores como *el doble, el triple,* etc.

Tengo **más** libros de los **que** puedo leer.

▶ **Las oraciones comparativas de inferioridad** indican un grado inferior en relación con otro punto de referencia. Se construyen con *menos ... que, menos ... de lo que* o con otros cuantificadores como *la mitad,* etc.

He comprado **menos** libros **que** Juan discos.
El ordenador es **la mitad** de rápido de lo **que** me gustaría.

Í NDICE
DE CONTENIDOS

ÍNDICE DE CONTENIDOS

Índice de Contenidos